# 元いじめられっ子のクソヤンキーが勝手に起業させられて月収100万円になった話

木村 匠
TAKUMI KIMURA

# はじめに

## 資本金3円の株式会社でダメダメな僕は社長になった

《木村ちゃん、俺たち会社辞めるって言っといたから》

「は？　どういうことっすか？」

《木村ちゃんとトミハラと俺の3人で、会社やることになったからさ。ちなみに木村ちゃんが社長ね。前から社長になりたいって言ってたじゃん》

「いや……あれはノリって言うか、なんて言うか……自分に社長なんて無理っすよ」

《ビビってんの？》

「ビビってないっすよ」

《じゃあ、やるよな？》

「……はい」

僕はホヅミさんとそんな感じの短いやり取りをして、電話を切った。ちょうど事務所に帰ってその日の作業の報告書を記入しているとき、ホヅミさんから電話がかかってきた。

「俺たち、この会社辞めることになったわ。3人で会社やるんだって」

スマホを置いて、隣でパソコンをいじっていたトミハラに声をかけた。

トミハラは僕の言葉の意味がわかっていないようで、ぼんやりとした目で僕を見つめていた。

「お前、どうする？　来る？」

トミハラは「いやっ……」と言ったきり、フリーズしたパソコンみたいに押し黙った。仕方なく僕は「いいからお前も来いって。間違いないから」と声をかけた。すると、しぶしぶ頷いた。

ホヅミさんが言った——僕が社長をやりたいと言ったこと——は確かに事実だった。と言ってもそれは、飲みの席か何かで「いつか社長やりたいっすね〜」という軽いノリで言っただけで、具体的にいつ何で起業するかとか、起業した会社でどんな社会を目指すかとか、そういった志の高いことを考えてのことではなかった。

ホヅミさんもきっと、そんなことはわかっていたと思う。でも、あの人の中で何かのきっかけがあって、そんなときに僕の過去の発言は都合が良かったのだろう。見事なまでの事後報告で、僕とトミハラとホヅミさんは、所属していたB社第二営業部を3月末で退職し、4月から新しくイベント・プロモーションの会社を設立することになった。当時の僕は11月に21歳になって数ヶ月。ニート生活を卒業して仕事に就いて、半年くらいしか経っていない頃だった。

3人で1円ずつ出し合って、資本金3円、社員3名、アルバイトスタッフ10名の株式会社。しかも無理やりとはいえ、僕は代表取締役だ。

一見するとメチャクチャだが、ドラマチックなストーリー展開にも思えるかもしれない。

でも、この会社「株式会社K-pro」は起業していきなり躓《つまず》くことになる。

冒頭で僕に電話をかけてきたホヅミさんが、設立して2週間が経った頃に、僕たちの前から姿を消したのだ。

この当時の僕は、自他ともに認めるダメダメ人間だった。社員として会社勤めはしていたものの請求書の一枚もまともに書けない、社会人としてはどちらかというと失格の部類に入る人間だった。

得意なことはあった。モノを売ることだ。

僕たちの会社はイベント会社として家電量販店や携帯ショップで販売促進のイベントを開き、クライアントの希望する商品を規定ノルマ以上に売る。売れば売るほど重宝されて仕事が継続するし、売れないとあっという間に他のイベント会社に仕事を持っていかれてしまう。

イベント会社なんて星の数ほどある中で売上はあまり良くなかったが、それでも顧客には重宝されていたし、僕は現場では実力を発揮してノルマ以上に商品を売りまくっていた。でも、それだけだった。

基本的なビジネスルールも知らないし、ビジネスマナーなんて「それ、おいしいの?」という感じ。人から好かれやすい性格と、その中でも馬の合った人とはさらに仲良くなって、なんとか乗り切っているような日々を送っていた。

そんな僕がホヅミさんとトミハラと3人で会社を起ち上げ、紆余曲折を得て2020年で七期目になる。

もともとやりたくて始めた会社じゃないし、やるしかないからやってきた、という感じだ。でも、ありがたいことに売上は順調で毎年右肩上がり。従業員も増え、僕の年収も

1000万円を超えさせてもらっている。

さらにさまざまな人脈の人たちともつながれて、会社を大きくすること、自分のやりたい新しい事業を模索することなど、徐々にやりたいことをやらせてもらえる日々を送りつつある。

でも、何度も言うように僕は起業するまではダメダメな部類だった。

特にイベント会社に就職するまではいわゆる「ニート」で、髪型はリーゼント風の金メッシュ、やることといえばギャンブル（しかも負けてばかり）、美容学校を卒業して就職した美容室を3ヶ月も経たないうちにドロップアウトするような人間で、消費者金融のキャッシング枠を上手く回しながら、毎日200円で生活するような日々を送っていた。

もちろん、それだけじゃない。

高校のときはいわゆるギャルオラ系のクソヤンキーで、毎日同級生や学校外の友達と好き勝手三昧。先生に怒鳴られること、親を呼び出されることは何度も何度も何度も何度もあり、無期停学を食らったり、傷害で起訴されかけたり……と、とにかくメチャクチャな日々を送っていた。

そんな僕が、いや、そんな僕でもなんとかまともになれた。この本では、そのことを語っていきたいと思う。そして、僕が人生の中で身につけた、自分らしい人生の歩み方も伝えていきたい。

何も武勇伝や自慢話をしたいんじゃない。

年下の人たちに偉そうに講釈を垂れたいんじゃない（そういう大人が一番嫌いだ）。

もちろん、大人の人たちに喧嘩を売りたいわけでもない。

僕の人生にあった出来事、そこで僕が何を考え、どういう意思や意図を持って行動してきたのか、そしてどんなことが起きたのか。

そういったことを伝えて、できればこの本を読んでいる人たちに「自分が本当に幸せだと思う人生」を楽しく生きてもらいたいと思っている。

「仕事がつまらない」とか「人生が面白くない」とか言うのは簡単だ。

でも、どうすればそれがプラスに変換できるのかは誰も教えてくれない。たくさんの本が出ているし、たくさんの偉人たちが「俺のこれを真似しろ」と言っているけど、そのどれもが正解であり、実は間違っていると思う。

なぜなら、人はみんな違うからだ。たったひとつの方法ですべての人が上手くいくようになんて、果たしてなるのだろうか？

結局、僕たちは自分の人生を生きるしかない。誰に何を言われたって所詮は他人が言っていることだ。

だったら自分の人生を後悔のないよう、自分なりに楽しく生きられるよう、自分でなんとかするしかないんじゃないかと思う。

それが自力でできるならいいと思うし、もしかしたら時には誰かにその扉を開いてもらわないといけないかもしれない。

この本が、その助けになれば幸いだ。

# 目次

第3章

# クソヤンキー時代 ～学校外編～

## 第4章 ゆとりニート時代

## 第5章 クソ経営者時代

第6章

# 自分らしく生きるための考え方

第1章

# ハブられ時代

15歳。高校1年。入学式。

この頃の僕はすでに金髪で、眉毛も剃って整えて、パッと見た感じでヤンキーだった。

しかし、最初からこうだったかというとそんなことはない。むしろ僕は、高校に入ってからようやく弾けた——自分らしさを外に出せるようになった〝高校デビューな奴〟だった。

じゃあ、それまではどうだったか？

中学校ではかわいらしくグレているくらいだったし、小学校のときはデブだった。その頃の話から始めてみよう。

## みんなから無視をされる喧嘩の強いデブ

僕は小2からデブだった。そして、いじめられていた。

でも、理不尽な暴力や嫌がらせを受けるような、そんないじめられ方じゃなかった。というのも、僕はそれなりに強かったからだ。

幼稚園の頃から、K－1好きの父親に無理やり習わされる形で極真空手をやっていた。

正直、空手に行くのはメチャクチャ嫌だったけど、サボると父親にメチャクチャ怒られた。だから結局、続けるしかなくて、中学まで空手を続けて茶帯（1級）にまでなる。

空手を習っていたこともあって、暴力を受けるようないじめられ方はされなかったけど、代わりに僕はクラスメイトから無視されていた。休み時間も一緒に遊ばないし、給食もみんなが机をくっつけて食べる中を単独で食べていた。

僕自身も好戦的な人間じゃなかったから、そうやって無視するクラスメイトたちに食ってかかるようなこともしない。結果、お互いに触れ合わない不可侵で不思議な関係がクラスメイトとの間にでき上がっていた。

でも、それで良かった。

小4（10歳）のときに僕がいじめられていると感じた先生が、母親を呼んで三者面談をした。そのときも僕は先生に「(クラスメイトに）媚びたくないので別に今のままでいいです。特に仲良くしたくない」と言って、環境の改善を望まなかった。

大人にはわからない世界かもしれないけど、当時の僕の小学校にはとてもシンプルなヒエラルキーが存在していたんだ。

「サッカーが上手い奴がトップ」

ちょうどJリーグがスタートしていて、サッカー遊びが全盛の時代。僕の小学校ではサッカーが上手い奴が自然とヒエラルキーのトップに立ち、人気者になっていった。

彼らと混ざるには2つの方法しかなかった。

自分もサッカーが上手くなってピラミッドの頂点に入るか、彼らの腰巾着になって媚びるか。

〝強いデブ〟だった僕は、殴り合いになれば強くてもサッカーは全然。

かといって彼らに媚びるのも嫌。

だから仲間はずれになり、無視されるようになった。

## 「自分を出してはいけない」が常識だった日々

そんな感じの小学校生活だったから、当然だけど友達もいなかった。

今になって振り返ると、ハブられた理由は他にもあったと思う。僕の住んでいたエリアの特色によるものも関係していた。

千葉市でも、僕の育ったそのエリアはいわゆる団地エリアで、小学校をぐるりと一軒家が取り囲み、さらにその周囲には団地が何棟も建っているような環境だった。第一、第二……と団地はいくつものエリアに分かれていて、完全な住宅エリアの隙間を縫うようにポツンぽつんと小学校が2つと中学校が1つ建っていた。

バス通りのある道から一本、団地エリアに入ると、まるで見えない壁にでも囲まれているかのように閉鎖的な空気が漂い始める。よそ者を寄せつけない雰囲気がそこにはあった。

団地の子どもたちは同じ団地のすぐ近くに住む子どもたちと小さい頃から遊び、休みの日には併設されているグラウンドやテニスコートでスポーツをする。

一方、僕はパソコン教室と英語教室を営む両親のもとに生まれた。兄弟は、3つ離れた妹がいる。家は祖父母も住む二世帯住宅で、パソコン教室はバス停近くの商店街で、英語教室は家の一部を使って運営されていた。だから、家は広かった。

小さい頃は母親が教える教室で他の子どもたちに混じって英語を学んでいたが、小学校に上がる頃にはそのつながりもなくなっていった。子どもたちは自分の家の近い者同士で遊ぶのだ。つまり、団地の人間関係だ。

僕はそこに混じることもなく、いつしか自然と孤立していった。その環境が小学校でも続き、いつの間にかハブられるようになった。

小学校では、休み時間になるとクラスメイトがダベったり校庭に遊びに行ったりする中で、僕はいつも東野圭吾や重松清やスティーブ・ムーアの小説を読んで過ごしていた。

小さい頃から、本だけはたくさん買ってもらえた。母親と一緒に100円ショップへ行って絵本を買ってもらったり、近所のショッピングモールに入っている本屋で文庫本を買ってもらったり。

おかげで、孤独だったけど充実した休み時間を過ごせたし、何より本を読み続けたことで、国語のテストはまったく勉強しなくてもいつも100点だった。『これ、問題のつもり？』って感じ。

それだけじゃない。そもそも僕は小学生の頃から勉強ができた。

特に予習や復習やテスト前勉強をしなくても、普通に授業を受けているだけで100点を取れるのが当たり前。サッカーができなくて友達がいなくても、空手と100点のある小学校生活だった。

それに、家も厳しかった。特に父親が厳しかった。

空手をサボるとメチャクチャ怒られるだけじゃなく、通知表もAじゃないと怒られて携帯電話をワンシーズン取り上げられたりする、真面目で厳しい家だった。だから勉強ができたことは、そういう意味でもラッキーだった。

クラスメイトから無視され、休み時間は孤独に小説を読み、成績は良くないといけないプレッシャーが常にある。

そんな環境の中で、今となっては、当時の僕は『自分を出してはいけない』『真面目でないといけない』という『常識』に縛られていたと思う。みんなからハブられて孤独でいる環境を『仕方ないものだ』とあきらめていた。

でも本当は、もっと自分のキャラクターを出したかった。「木村匠はこういう人間だ」ということを明らかにし、周囲にアピールしたかった。

高校生になって弾けたのは、きっとその反動だったと思う。

そして中学生活は、その助走期間だったんだと思っている。

## 新しい文化を教えてくれたタザワとの出会い

中学に入っても、僕の周囲の環境はそんなに大きく変わらなかった。

入学した市立中学は、団地エリア内の2つの小学校（東小学校と西小学校。ちなみに僕は東小学校出身）の生徒たちがひとつになる形で学区が区切られていて、つまり小学校のメンバーがそのまま中学校に上がる。おなじみの顔に新しい顔がプラスされるだけで、それほど大きな環境の変化がなかった。

しかも、市立中学と2つの小学校は、その地区の住宅街の間を縫うようにして点在していて、特に西小学校と中学校は小型車2台がギリギリすれ違えるくらいの道を挟んで隣接していた。

この地区に住む子どもたちは、小学生の頃から普通に進学すれば市立中学へ行くことが決まっている……そんなことが当たり前になっている狭い世界だった。

顔触れが変わらないのだから、文化も大きく変わるもんじゃない。人間関係もほとんどそのままスライドしていく。

小学校時代のヒエラルキーのトップは、サッカーが上手い奴。そして中学校時代は……やっぱり同じサッカーが上手い奴だった。

ただ、さすがに中学校に入ったことで、僕の世界はちょっとだけ変化を起こした。それが、西小学校出身だったタザワとの出会いだ。

タザワは、近所の商店街で肉屋を営む家に生まれた、チビでデブのヤンキーだった。肉屋の2階に住んでいて、両親、兄弟を含めた一家全員がヤンキーという、なんとも面白い奴だった。

一家全員がヤンキーというと、いかにも筋金入りのガツガツのヤンキーを思い浮かべるかもしれない。でも、タザワはチビでデブなだけじゃなく、何よりも喧嘩が弱かった。

給食の時間に隣の西小学校に向けて牛乳を投げて、それをメチャクチャ怒られて土下座して雑巾で拭きに行くようなタイプ。それを見てみんなが笑い、ネタキャラとして扱う。僕もメチャクチャ笑った。

ただ、タザワ自身はみんなに媚びない。自分では至って真面目にグレているつもり。でもそれが空回りしていて、滑稽《こっけい》。僕もタザワを笑いものにしていたけど、なんとなく彼のことが好きだった。『面白い奴だな』と思っていた。

だから、同じクラスだったこともあって僕たちは入学して早々に仲良くなり、そのうちいつも一緒にいるようになった。

タザワと出会うまで、僕は『中学生活も小学校の延長線上になるだろう』と思っていた。何の変化もない、つまらない日常が3年間延長されるものだとばかり思っていた。

でも、違った。彼と出会ったことで、東小学校にはなかった「グレる」という文化の存在を知った。確かに東小学校はみんな真面目だった。サッカーしかない学校だった。

西小学校にはグレる文化があった。タザワは喧嘩が強いとか弱いとかは関係なく面白い奴で、新しい文化を僕に教えてくれた。

## ちょっとずつ自分らしさを開花させ始めた中学生時代

中1で知り合ってから、僕とタザワは毎日一緒に遊んだ。

自転車に乗ってタザワの知り合いの、別のエリアのヤンキーたちと仲良くなってダベったり、タザワの部屋に行ってゲームをしたり、漫画を読んだり。タザワの部屋には『今日から俺は!!』があった。『喧嘩番長』というゲームもあった。なんというか、定番な感じだった。

タザワと知り合って、僕はちょっとだけグレた。

といっても、タバコを吸ったり酒を飲んだり、ということはまだだった。喧嘩も進んでやることはなかったし、制服を変形させたりもしなかった。自転車のハンドルだけは「鬼ハンドル」だったけど。

タザワと遊ぶ中で、僕は少しずつ「自分らしさ」が開花していったのだと思う。

例えば、自分の中のイタズラが開花した。

当時、校舎の屋上は鍵がかかっていて上がれなかった。だから掃除の時間のたびに美術室から彫刻刀をくすねてきて、ちょっとずつ鍵穴を壊して屋上に出られるようにした。

屋上に出られるようになると、掃除の時間に掃除する場所の割り当てで屋上付近を選び、屋上から土の塊を下に投げたりして遊んだ。当然、先生からメチャクチャ怒られて、殴られたこともあった。


また、自分の欲求に素直になった。

当時、プレイステーションのゲームで『ウイニングイレブン』というサッカーゲームがあった。これにハマった僕は、そのうち自分もサッカーをやりたくなったのだ。

でも、当時の僕は相変わらずデブだった。体重は80キロを超えていた。そんな僕がいきなりサッカー部に入ったところで、何もできないと思った。

特に、通っていた市立中学はそれなりにサッカー部が強く、小学生の頃からずっとサッカーをやってきたような連中ばかりが入っていてハードルが高い。いきなり僕が入ったところで敵うはずがなかったたし、バカにされて終わりだったと思う。もしくは、サッカーの上手い連中に媚びる奴らの1人になっていたか。

『他で経験を積んでからサッカー部に入ろう』

そう思った僕は、学校外にあったジェフユナイテッド市原・千葉が主催するフットサルのチームに入ることにした。まず、そこで練習をすることにしたのだ。

すると面白いことに、チームに入ってからみるみる痩せた。3ヶ月で20キロほど落ち、デブだったのが標準体型になった。

さらに、僕は幼稚園の頃は足が速かったのに、デブになったことで隠されてしまっていた足の速さが再び表に出てくるようになった。

サッカーで足の速さはアドバンテージのひとつ。これも、「自分らしさ」がひとつ目覚めた瞬間だったと思う。結局この足の速さで後に体育祭のリレー選手に選抜され、それがきっかけで女子から告白されたりと、僕の人生がプラスに明るくなる要因にもなった。

何はともあれ、タザワと仲良くなり、少しずつ自分らしさを発揮していくことを覚えた僕の中学生活は、抑圧から解放の方向へと進んでいったのだと思う。

それまでは「空手をやっている取っ付きにくいデブ」だった僕は、少しずつ、いわゆる

〝リア充〟な方向へと進んでいった。

そして中学2年生になって、僕はついにサッカー部に入部した。

## 中3最後の記念試合にすら出してもらえない

中2で入ったサッカー部。でも、それで僕の生活が一気に、それこそまるでオセロのようにひっくり返ったかというと、そんなことはなかった。

サッカー部に入った僕を待っていたのは、陰湿ないじめの日々。

基本的に無視される(これは小学校のときと同じ)、仲間はずれにされてグループに入れてもらえない、さらには「なんであいつがサッカー部にいるんだよ」と陰口を叩かれる。今になって考えると、よく生き延びられたと思う。

しかも、そのことを知って心配した先生が、また母親を呼んで三者面談を開いたのだ。

僕はそのときに初めてこう言った。

「俺、結構しっかり目に仲間はずれにされてる」

母親は泣いて怒った。

でも、僕は平気だった。サッカー部に入ったのはサッカーをしたいからであって、部活のメンバーと仲良くなりたいためではなかったからだ。

それに、こういったことは親や先生にどうにかできる問題じゃないとも考えていた。小学校のときからいじめを体験してきた身にとって、自分を取り巻く環境を好転させる方法はシンプルにわかっていた。

サッカーが上手くなるか、上手い奴に媚びを売るか——この構造は小学生のときから基本的に変わっていない。

そして僕もまた同じで、媚びは売りたくないからサッカーが上手くなるしかなかった。仲の良かったヤンキーのタザワと一緒に我が道を好き勝手やりつつ、サッカーの練習をする日々を送ることにした。

いじめを受けるというと、基本的には〝陰〟なイメージがあると思う。だから僕は、その逆を行くことにした。

無視をされても陰口を叩かれても、「絶対に屈しない」という姿勢を示して部活はサボらずに行く。そして練習をして、技術を高める。

小学生からずっとサッカーをやってきた連中相手に、中学に入ってから始めた僕がそう簡単に勝てることはなかったが、それでも徐々に技術的な部分が追いついてくるようになった。

ただそれでも、彼らとの関係は変わらなかった。サッカーとタザワとの遊びに明け暮れて、僕の中学校生活は終盤を迎える。


中3の夏。夏のサッカー総合大会の時期がやってきた。

部活のメンバーは約30人。当時の僕の実力はちょうど真ん中辺りだった。

サッカーの技術は上がってはいたが、上手い連中に比べると全然ダメ。それでも、3年生最後の総合大会だ。最後ということで、3年生は〝記念で〟ベンチ入りができる……はずだった。

でも、3年生の中で〝僕だけ〟がベンチのメンバーに選ばれなかった。

ベンチ入りしていればどこかで試合に出るチャンスもあったかもしれない。でも、ベンチにも入っていないのでは試合は無理。しかも、メンバーに選ばれた部員には白いユニフォームが与えられるのに、僕にはユニフォームも与えられない。だから、卒業アルバムには後輩からユニフォームを借りて撮った僕の写真が載っている。

メンバー選出を決めたのは顧問の先生だ。先生は僕ともう1人の3年生をはかりにかけ、彼を選んだ。彼は僕よりも背も低く、体も華奢で、足も遅い。でも、小学校からサッカーをずっとやっていた。実力で言えば1年生には負けないレベルの下のほうの奴だったが、もちろん技術的には僕のほうが上だった。

でも結局、選ばれたのは彼だった。先生の〝忖度〟によって。

「木村は途中から入ったし仕方がない。あいつは3年間ずっと所属してたから。ごめんな。でも、木村にもできることはあるから一緒にがんばろう」

そんなことを言われたのを覚えている。『知らねぇよ』と思った。僕的には中学サッカーはそこで終了していた。

もしもこのとき、もう1人の3年生じゃなく僕よりも実力のある2年生が選出されていたりしたら納得できた。実力で劣るのだから選ばれなくても仕方がない。

でも、記念で出してもらえるところに、情と年功序列で忖度して僕が出られなかったことが気に入らなかった。

ウザい。キモい――と思った。そして、大会をバックレた。

そのまま僕の夏は終わり、秋が来て、冬が来て、僕は高校を受験した。

そんなに勉強の成績が悪くなかった僕は、第一志望の県立高校に合格が決まり、卒業式を迎えると、母親に言って髪を染める許可をもらった。さらに眉毛を剃って整え、見た目もグレていった。

春になって、ついに自分が弾けることになる高校生活を迎えるのだった。

小学校の卒業アルバムの写真。デブでイケてない……笑

# 第2章

# クソヤンキー時代

## ～学校内編～

## 開放的な高校に入学。初日から強烈なメンバーと出会う

進学に際して僕が選んだ高校は、千葉市の海岸沿いにある県立の高校だった。その海岸沿いには、2キロ圏内で3つの高校があって、どれも偏差値が高めだった。偏差値70くらいのA高校と、偏差値65くらいのB高校と、偏差値63くらいのC高校。当時の僕の成績は上の下くらいで、偏差値70くらいのA高校でも合格ラインの予想が立っていた。

でも、あえてそこをやめて、偏差値を少し下げた偏差値63くらいのCの公立高校を第一志望にした。

僕は、海が近くにある高校に行きたかったのだ。C高校の周辺は、住宅と団地の密集した僕の地元とは正反対のとにかく開放的な環境で、海浜公園が近く、海まで歩いて5分程度。空が広くて、絶好な立地だった。

海が近かったこと、開放的な雰囲気があったこと、そして何より、校則が緩かったこと――C高校は、ピッタリな学校だった。

C高校の入学日、当日。

僕は春休みのうちに染めた金髪を黒染めして、入学式に臨んだ。

金髪といっても市販のブリーチ剤を使って脱色しただけの、いわゆる田舎ヤンキーの金髪。しかも、母親にやってもらった。それをさらに黒染めでごまかし、真新しい学ランに身を包んで県立高校の校舎を眺めていた。

入学式で驚いたのは、周囲に赤い髪をした奴やスキンヘッドの奴がいたこと。さらに、初日から短ランやボンタンなどの変形学ランを着込んで入学式に来ている奴もいた。

まさに中学生の頃に唯一の友達だったタザワの家で読んでいた『今日から俺は!!』の世界だった。知っているかもしれないけど、主人公の三橋は金髪で短ラン・ボンタン、相棒の伊藤はトゲトゲ頭で長ラン・ドカンだ。

そんな連中が僕の周りを囲む入学式だった。

## 仕上がっている奴らを見て思った。『負けちゃダメだな』

家から高校までは自転車で約30分。入学式を終えた僕は家に帰りながら、明らかに〝世界の広さ〟を実感していた。

生まれてからの15年間、自分がいた狭いエリアでは「真面目であること」が当たり前で、その中ではスポーツ（僕の場合はサッカーだ）に優れた奴が自然と人気者になれる。人気者になれれば自由に自分を外に出して生きることができる。

それ以外で自分を出そうと思ったら、グレてハンパ者になるしかなかった。しかも、そのグレ方はちょっとタバコを吸ってみたり、ちょっと髪を明るくしてみたりするくらいのかわいらしいもので、反社会的行為に明け暮れる類のものではなかった。そういう意味で、タザワは可愛い奴だった。

でも、高校に入ると、そういうのとはちょっと違った。

限られた小さなエリアから人が集まってくるのではなく、千葉市以外のエリア（それこそディズニーランドのある浦安＝東京側から、木更津のような東京から離れたエリアまで）から人が集まってくる。

そこには、自分が住んでいたエリアなんかよりもっと違う常識があって、グレているのが当たり前だったり、例えば入学式から変形学ランを着てくることが特に変ではない世界があったのだ。

『負けちゃダメだな』

一気に広がった世界を実感しつつ、僕はそんなことを考えていた。これまでとは違って、高校では自分を抑えていたら逆に損をする。

幸い、高校のヒエラルキーにはサッカーの技術は関係なく、開放的な立地と緩めの校則という環境で自由にやっていけそうだった。とはいえ、周りにいる奴らは初日から金髪や変形学ランで、もう〝仕上がって〟いる。

僕も彼らに負けないよう、その上を行かなきゃいけない。その中で自分を出して、新しい世界を生きなきゃいけない――坂道を漕ぐ足に、グッと力がこもった。

## 〝見えないルール〟から解放され、自己表現を許される

負けちゃダメだな――そう思った僕が最初に自分を出す取っかかりにしたのは〝見た目〟だった。

自慢をするわけではないが、僕はそれなりにルックスが良かった。

特に中2でサッカーを始め、痩せてからは50キロ台のスポーツマンらしい体つきになっていた僕は、さらに髪を金髪にして、毎日ちゃんとセットして学校に行った。そういう奴は自然と一目置かれるのが高校というものだ。

ルックスが良くて、体が引き締まっていて、格闘技をやっていたから強さに自信のある雰囲気があって、しかも身だしなみを整えている――それだけで僕は、いきなりヒエラルキーのトップに立つことができた。みんなからチヤホヤされ、学校外の女子からモテた。

クラス分けがあってからほんの一瞬、僕がいわゆる〝高校デビュー〟であることを中学の同級生に吹聴されたことがあったが、無視して弾けていたら自然とフェードアウトした。大事なのは過去よりも、今この瞬間だった。

そう、僕は高校時代を「今この瞬間を楽しむこと」に注ぎ込んだ。

「今この瞬間を楽しむ＝したいと思ったことを（良かれ悪かれ）とりあえずやる」ということだ。何かをしたいと思ったら、ためらわず行動する。それが自分を表現することだと思った。

中学までの僕には、その感覚が欠けていた。自分を出したいと思いつつ、そういうことをしてはいけないと思い込んでいた。

例えば、中学生で髪の毛を金髪にするなんて、許されないことだと思っていた。そういう〝常識〟に縛られていたのだ。

でも、高校に来てみると金髪や変形学ランの奴らがいて、きっと彼らは僕が誰かの常識に縛られて自分を出せていなかった時期には、すでに自分を出していたはずなのだ。

彼らの地域では許されていて、僕の地域では許されていなかった、なんてことはない。目に見えないルールがあっただけ。僕は高校生になってようやく、その見えないルールから解放され、自分を表現して良くなった。

だから、したいと思ったことをとりあえずやることにした。

それも自分1人ではなく、周りも巻き込んで。だって、そんな思いをしていたのは、きっと僕1人ではないはずだからだ。

きっとみんなももっと弾けたい。自分を出して人生を楽しみたいはず——僕はそんな風に考えて、A組を楽しいクラスにしていこうと考えた。

## 〝こっち側の人間〟を見つけるためのワイシャツジャッジ

さて、じゃあ僕が具体的に何をしたのか？

まずはメンバー選びだ。漫画の『ワンピース』みたいに、一緒に冒険してくれる仲間を見つけないといけない。

メンバー選びには判断基準があった。ワイシャツジャッジだ。

まず、同級生の後ろからそっと近づき、ぎゅっと抱きしめる。そしてワイシャツをバンっと開く。すると、ボタンが弾け飛ぶ。

このとき、ガチギレして殴りかかってきたり、家に帰って親に報告してガチクレームになったりする奴にはそれ以上、手を出してはいけない。そういった一般生徒の皆さんには「ごめんね」と素直に謝って、終了。

「おい、ふざけんなよ木村〜」と言いつつも笑顔が見えたり、やり返そうとしてきたり、親に見つかっても上手く言い逃れができるような奴（そして、親もそれを許容できるような環境の家）はOK。だってそいつはきっと、弾けたいけど弾けていない〝こっち側〟の人間だから。

そういう〝こっち側〟の人間を見つけて、一緒にバカをやるのが僕の目的だった。ワイシャツジャッジはやるとほぼ100％、先生から怒鳴られる。それでも僕は、これを男子全員に仕掛けていった（念のために言っておくと、女子にはまったく手を出していないからね）。

## 仲間でバカをやってみんなで弾けたかった学園生活

一緒に弾ける仲間を見つけて僕らが何をしたか？　楽しかったけど、今になって思うとバカで無茶苦茶なことをしていたと思う。

まずは、「ブドウ狩り」という遊び。

仲間の誰か1人をターゲットにしたら、逃げるそいつを捕まえてズボンを脱がす。すると、そこに〝ブドウ〟があるので思いっきり叩く。「あ――――っ!!」と廊下に叫び声が響く。

さらにブドウを狩られて悶絶していると、前かがみになって後ろが空くので、そこに浣腸をする。すると、またブドウが出てくるので狩る。それを繰り返す。

男子にしかできない遊びが「ブドウ狩り」だ。

次に、「弁当の入れ替え」だ。

体育の時間なんかに、さっとその場を抜け出して教室へ行ってターゲットの弁当と筆箱の中身をそっくりそのまま入れ替える。何にも知らないターゲットが次の授業で筆箱を開けたら、そこには弁当がぎっしり詰まっている。

あるときなんて、キムチチャーハンを丸ごと入れ替え、驚いているターゲットを見ながら、

「なんでお前、授業中にキムチチャーハン出してんだよ、食えよ」

と爆笑しながら言う。


そして「逆カン」という遊び。

廊下にある掃除用具のロッカーにターゲットを閉じ込め、ドア側を壁に向けて放課後まで放置する。しかも、朝のホームルームのときに。

さらに休み時間になるとロッカーを横倒しにして、ダッシュで滑らせて壁にぶつける。


他にも、スーパーで生卵を買ってきて、ターゲットの背中の中に入れて思い切り叩くイタズラ（ターゲットはそのまま帰ることになる）。

こういったことを、何度も何度も何度も何度も何度も何度も……先生に怒鳴られながらもやっていた。

僕は基本的に主犯格だったが、それでも時には僕が標的になることもあった。僕は手下がほしかったり、いじめをしたかったわけではなく、仲間みんなでバカをやって楽しい学園生活を送りたかっただけだ。だから、時には僕がブドウ狩りや逆カンをされるのも当然のことだった。ワサビ水（カバンの中にワサビと水を入れるイタズラ）をされたこともある。

そして、この手のことは決して大人しい一般生徒たちや女子にはやらなかった。あくまでも調子に乗っている奴、スカシている奴の間だけ、わかっている奴らの中だけで許される遊びだった。

## いじめられっ子を生徒会長にプロデュース

高校に行っている間、こういった遊びやイタズラをしていたのは、それまで抑圧されていた自分を解放したからだったけど、同時に、抑圧から解放されたいと思っているのにできない、やり方がわからない同級生も解放したいと思っていたから、というのもあった。

高2になってクラス替えがあり、僕はコモダくんという同級生とクラスメイトになった。僕は高1のときの暴れっぷりが先生から問題視されて、かなり大人しい生徒ばかりが集まるクラスに入れられたのだ。

それでも、僕は気にせずワイシャツジャッジをした。コモダくんはそのときに先生からかなり注意を受けた1人だった。

先生に呼び出されて、こんな事情を知らされたのだ。

「彼は1年生のときに不登校だったの。だから、彼にはそういうことはやめなさい」

コモダくんは高1のときにいじめが原因で不登校になり、それでもなんとか2年生に上がることができた生徒だった。見た目は地味で、背の低いデブ。眉毛が太くて目が細くて……確かにいじめられっ子な見た目をしていた。

そんな彼がクラス替えで勇気を出して登校してきたんだから、そっとしておいてやれ、と先生は言ったのだ。

「不登校だったからこそ、弾けたほうが良くないですか?」

僕は先生に言い返した。先生は「バカなこと言うな」という感じだった。

でも僕は、コモダくんをイジって弾けさせたかった。なぜなら、いじめを受けるつらさは自分が一番よくわかっていたから。

殴られたり、陰湿な行為(何かを隠されたり、とか)というのもあるが、僕は無視をされるいじめを受けていた。だから、彼がどんないじめを受けていたかは知らなかったが、きっとつらい1年間を過ごしたことだけは想像できた。

だからこそ、ずっといじめられる側にいるんじゃなくて、人生を楽しめる側に行けばいいんじゃないかと思った。僕は自分でそれができたけど、できない奴もいる。僕がそのきっかけになればいいと思った。

ワイシャツジャッジの結果、コモダくんは乗ってきた。僕と一緒にバカをやることに決めたのだ。

一緒に逆カンをした。「こんなこと、生まれて初めてだ」と楽しそうだった。

彼の海苔弁当の海苔の部分にシャーペンの芯を細かくして刺したり、ハンバーグを割って中にワサビを忍ばせたり。ブドウ狩りもし合ったし、音楽をかけて「コモダくん、踊りなよ」と言ったら踊って、それを見てみんなが笑って、コモダくんはクラスの人気者の1人になった。彼自身も、見違えるように明るくなっていった。

極めつけは、生徒会長だ。高2の夏休みが終わって、次の生徒会長を選ぶことになったとき、「コモダくん、行っちゃいなよ」と僕が水を向けると、なんだかんだで彼は「やります！」と立候補をした。

彼は生徒会長になった。

高1のときはいじめられて不登校だった生徒が、高2で弾けて生徒会長にまでなる――もしも先生の言う通りにして彼に触れないでいたら、もしかしたら彼はいじめられっ子のまま高校生活を終えていたかもしれない。たまたまだったにせよ、最初に僕に注意をした先生に対しては『ほら見てみろ！』という感じだった。

僕のおかげだと自慢をするつもりはないが、僕は彼に「コモダくんはやられるだけの立場じゃないんだよ」ということは伝えられたと思う。

## 特に仲の良かったシバイエとトウヤ

高校時代、クラスメイトを巻き込んで暴れまわっていた僕だったが、その中でも特に仲が良く、ずっと一緒だったメンツが2人いる。

1人はシバイエだ。彼との出会いは印象的で、入学してすぐの〝イベント〟で仲良くなり、そのまま3年間、ずっと仲が良かった。

出会いは入学してすぐに喧嘩になったことだ。入って1週間も経っていなかった。シバイエは地味な見た目で、ラグビーをやっていた（後にラグビー部に入る）。理由はよくわからなかったけど、なんかムカついた僕は、出会って早々、彼を殴った。

僕からするとそれで終わりかと思ったが、シバイエはキレて僕につかみかかってきた。あとでわかったことだが、シバイエは実は運動神経がすごく良くて、しかも制服の下にはマッチョな体が隠されていた。

僕につかみかかったシバイエは、そのまま容赦なく背負い投げを仕掛けてきた。受け身も取れず、廊下に背中から叩きつけられる僕。体が砕けるような衝撃が襲ってきた。

そして、そのままマウントポジションを取ってきた。

ヤバい。このままじゃ殺される――反射的に僕は本気で彼のこめかみ辺りを殴りつけていた。空手の拳が確かにクリーンヒットした感触があって、反射的に顔を押さえたシバイエの手の隙間から血が流れてくるのが見えた。観ると、目の周りが真っ赤になっていた。

普通なら、ここで先生に見つかって、事情を話して僕が悪いとなり、入学そうそうメチャクチャに怒られていただろう。そして彼ともその後、どうなっていたかわからない。

でも、シバイエは違った。お互いに「絶対にこのことは露呈する。これが先生にバレたら面倒なことになる」となって、放課後に一緒に怒られに行くことになった。言い訳はこうだ。

「ラグビーの練習をしていたらバッティングしてしまった」

結局、注意はされたものの大ごとにならずに済み、僕はノリがわかるなんていい奴なんだと思い、そのままずっと遊ぶようになった。

もう1人はトウヤだ。

トウヤは一匹狼のクールな性格の奴で、リア・ディゾンみたいな洋風な顔をしたイケメン。ただ、背が低かった。あと、声がえなりかずきみたいで、そのアンバランスなところが面白くて僕はよくイジっていた。

彼と出会ったのは、中学の同級生のせいで一瞬だけ僕がハブられた時期のことだった。イケイケだった僕は、中学のことを持ちだす同級生に「ふ〜ん、(高校生になっても)中学を引きずるんだ。しょーもな」と醒めつつ、一緒に弾けられる仲間を探して他のクラスを回っていた。僕的には自分のクラスに縛られることなく、学年全員を弾けさせたかった。そのときに出会ったのがトウヤだ。

休み時間。トウヤはE組の教室で足を組んで携帯を触り、誰ともつるんでいなかった。クラスメイトの男子も女子も近寄りがたい感じで遠巻きに見ている様子だった。

そこに、特に気にせず切り込んでいった。

「よう！　なにカッコつけてんの？」

「カッコつけてねぇよ。絡みたい奴がいないんだよ」

トウヤからは明らかに〝俺はお前らとは違うんだよオーラ〟が出ていた。僕は『面白い奴だな』と思ってそのまま絡み、次第に彼と仲良くなっていった。

トウヤと馬が合った理由は、〝お互いに尖っている独りぼっち〟な人間で、他人の過去を気にしない性格だったからだと思う。お互いに過去を詮索しないし、過去に何があったからといって気にしない。今の相手がどうかで考えるタイプだったんだ。

中学時代のことを気にしてどうこう考える同級生とは違う、一味違うタイプだった。そこが自分と同じで、仲良くなれた。

結局、学校外は別にして学校内の友達で放課後も一緒に遊ぶのはトウヤがほとんどだった。無言でも一緒にいて苦じゃなかったんだ。

トウヤとは、僕にとっての高校時代最大の出来事のときも一緒だった。

## チョーパンが得意だったテンドウ

もう1人、どちらかというとイジる方面で仲が良かったのがいた。それがテンドウだ。テンドウはメガネで痩せている、いわゆるヒョロガリのザコっぽい見た目だったにもかかわらず、自分は地元ではヤンキー全開だと主張していた。だから入学早々、とりあえず殴ってみたら一撃でノックアウト。ヤンキーの割に、ずいぶん喧嘩の弱い奴だった。

でも、そこでめげる奴じゃなかったし、仲間にチクって集団で逆襲してくるような手のつけられないタイプでもなかった。逆に仲良くなろうと、いろいろとコミュニケーションを取ってくる面白いタイプだった。

「木村、俺には得意技がある」

「なんだよ?」

「チョーパン（頭突き）」

「じゃあ、やってみろよ」

僕はテンドウに、教室内のロッカーに頭突きをさせた。

ガンガンガンガン……テンドウが額から血が出るまでロッカーに頭突きをして回る光景

を、僕は動画に撮ってみんなで見て笑った。

他にも、テンドウは自分がヤンキーだと主張していたので、タバコを持っているか聞いてみたことがあった。

「あたりめぇじゃん」

イキった風にそう返してくるテンドウのカバンの中には、確かにラッキーストライクが入っていた。これをイジらない手はない。

「じゃあ、今からトイレで吸ってこいよ」

僕はそう焚きつけた。そして、実際にトイレでタバコを吸うテンドウを写真に撮り、「前略プロフィール」という当時の高校生だったらみんなやっていたSNSで一瞬だけトップ画にして遊んでいた。見つかれば停学処分や退学になっていたかもしれないが、もちろん、本気でやっていたわけじゃない。

あるとき、抜き打ち検査があってテンドウのカバンを調べられることになった。当然、その日もカバンの中にはラッキーストライクが入っていた。

さすがにこれは可哀想だと、僕は先生が近づく前にテンドウに絡み、素早くカバンからタバコを抜き取って隠した。それで事なきを得た。

タバコを吸う高校生なんて、ほとんどがカッコつけたかったり、周りに合わせて吸っているだけで、本当にタバコがないと生きていけなかったり、手放せないほど美味いから吸っているわけじゃない。

テンドウもきっと、ヤンキーはタバコを吸うものだという流れの中で吸っていただけだったと個人的には思っている。そんなイキりたいだけの代償で停学や退学はさすがに可哀想だった。

そういうのは、面白くない。テンドウは悪い奴じゃない。その辺は、わかっている僕が友達としてカバーしないといけないと思った。

そのことがあってから、テンドウとはさらに仲良くなった。

でも最終的に、テンドウは高3に上がるときに留年をして、そのまま退学してしまった。やっぱり地元ではヤンキーだったみたいだけど、学校を辞めてからは遊ぶこともなくなり、僕自身も高3からは変わったので会うことはなくなった。

高3のとき、家族で屋
久島に旅行した際に、
母親が撮ったらしい。
家族旅行という感じで
はないよね

第3章

# クソヤンキー時代

## ～学校外編～

## 簡単に誰とでもつながれた「前略プロフィール」

そんな感じで、学校内の僕は弾けたいと思っているクラスメイトを弾けさせ、一緒にバカをやる仲間として遊びやイタズラをし、先生に怒られながらも学園生活を満喫していた。

一緒にバカをする仲間だけでなく、「こいつは」と思える深い友情の友達もできたし、高2のときは学園祭で10分程度の短編映画を作ったりもした。他の学園にさらわれた恋人を助けるために、2人のヤンキーが殴り込みに行く、というシンプルだけど熱いストーリーだった。

ただ、そんな生活をしていたのも高2の終わりまで。高3になって、僕はそれまでの人間関係のほとんどを清算し、例えばシバイエやトウヤのような限られた友達としか遊ばなくなった。

そのきっかけになったのが、高2の終わりの出来事だ。僕は無期停学処分を受け、危うく高校を退学させられるところだった。

なんでそんなことになってしまったのか？　理由は、学校外での僕の人間関係によるものだった。

高校時代の僕の「人間関係＝人脈」は、単に高校内のものだけに収まらなかった。そのきっかけを作ってくれたのは中学のときのタザワだったが、今になって思えば「前略プロフィール」というSNSツールによるところが大きい。

本題に入る前に、簡単に前略プロフのことを説明しておきたい。この先の僕の人脈の広がりや、それぞれとのコミュニケーションは、ほとんどこの前略プロフによるものを前提としているからだ。

僕と同じくらいの世代だったら覚えていると思うけど、かつて「前略プロフィール」という若者向けSNSがあった。LINEなどがまだできる前。mixiが流行るよりも前の話だ。日本の元祖SNSとも言われているらしい。

今でいうfacebookに近いもので、好きな質問に答えることで自分のプロフィールページをネット上に作ることができるWebサービス。さらに「掲示板」では他人とチャットをすることができたり、「リアルタイム」という一言ブログがあったり（Twitterのような機能）、要するに、自分のホームページが簡単に手に入る、そんなツールだった。ちなみに、もうサービスは終了している。

前略プロフを使うと、人脈は簡単に広がった。僕と誰かがつながっているとして、その誰かが他の誰かとつながっていると、そいつとも簡単にコンタクトを取ることができる。

当時は同世代の奴らは、ほとんど全員がこの前略プロフをやっていたと考えてもらっていい。特にヤンキーとかギャル系とかパリピ系は絶対。そこで知り合ったり、コミュニケーションを取ったり、もめ事を起こしていた。

ちょうどｉＰｈｏｎｅが世に出始めた時代。僕はピンクのガラケーで前略プロフをやっていた。だからそのことを踏まえて、学校外での出来事を読み進めてほしい。

## 高校入学3ヶ月で仕上がり、ギャルオラ系を目指す

中学を卒業して高校に入ろうかという春休みの頃から、タザワをきっかけに別エリアのヤンキーたちと知り合い、そのうちの何人かと仲良くなり、よくつるむようになった。

彼らと遊んでいたのは高校に入って夏までの最初の３ヶ月間くらいのことだ。僕はこの３ヶ月間で完全に仕上がってたと言っていい。

制服も変形制服を着るようになった。と言っても、短ランは高かったから、制服を短く

詰めて短ランにしたり、下はボンタンの代わりに現場仕事の店で買った1000円くらいの幅広の現場ズボンだったけど。僕はリーズナブルなヤンキーだったんだ。

学校をサボって誰かの家に行き、当時まだ流行っていたパラパラを踊る。

誰かが持っていた原付に3人で乗って周辺を走る。もちろん、ノーヘル。別に暴走行為をしたいわけじゃなく、3ケツをすることが楽しかった。

あとはバイクの話や女の話やバラエティ番組の話やギャル男になるにはどうすればいいか……なんていう他愛のない話をして時間を潰す。学校が始まる前から集まって、盛り上がったらそのままサボる。特に盛り上がらなかったら遅刻して学校に行き、先述の遊びをして過ごしていた。

ただ、この人間関係は長くは続かなかった。

そもそも彼らと僕とは育ったエリアが違い、通う高校も違っていた。彼らの通う高校は、言っちゃあなんだけど僕の高校より偏差値が低く、ヤンキーも多かった。

やがて、彼らのうちの1人が高校を中退して本格的にグレていくと、そのあとを追うかのように1人、また1人とグレていき、ただのヤンキーだったのがチンピラ化していった。問答無用でカツアゲをしたり、祭りで見ず知らずの人をボコボコにしたり……と、本業の人たちの下っ端化していったんだ（もちろん、まともに就職した奴もいた）。

そうなると難しいもので、そもそも僕は短髪黒肌のオラオラ系のヤンキーだったけど、カツアゲをしたり見ず知らずの人をボコボコにしたり、というスタイルではなかった。

それに、当時はCO&LU（ココルル）というブランドが流行っていて、僕は『Men's egg』なんかを読んでギャルオラ系（見た目はギャル男っぽいオラオラ系ヤンキー）になることを目指していたから、彼らとはどうしても波長が合わなくなってしまったのだった。

『あぁ、もう一緒にいられなくなったな～』

僕は格闘技をやっていたが好戦的ではなかったし、自分から喧嘩を売って回ったり、快楽のために暴力を振るったり、反社会的行為に手を染めることを求めていなかった。みんなで楽しく遊びたかったんだ。

だから次第に彼らと会わなくなり、人間関係はフェードアウトしていった。こちらも追わなかったし、向こうも無理に合わせようともしてこなかった。

ただ、その中で残った人脈もいた。それがフィリピン人ハーフのアンディだ。

初めてアンディと会ったのは、彼の地元の祭りに行ったときだった。ハーフなので顔が濃く、天パでメガネ（後に茶髪のボーズになり、僕がラインを入れてあげることになる）。右手にビールを、左手に色白の金髪の彼女を連れた姿で、第一印象は「おっさん」だった。まさか、同い年だとは思えなかった。

祭りから少し離れた公園でヤンキー仲間からアンディを紹介された。僕がタバコを吸っていると、彼はおもむろに近づいてきて、僕のタバコを取って投げ捨てた。

「そんな安いタバコ吸ってんじゃねぇよ」

そして、自分の持っているセブンスターを差し出してきた。当時、僕が吸っていたのは赤マル（マルボロの赤）だったから、決して〝安いタバコ〟ではなかったはずだ。

でも、そういうことじゃない。謎のカッコつけ方をするアンディに、僕は『こんな意味わかんねぇ奴がいるんだな』と興味を持った。アンディとは、その先もしばらく一緒に遊ぶことになる。

## 高1でクラブ通いスタート。それがさらに人脈を広げた

高校の1年先輩に千葉や渋谷のクラブで現役ＤＪをしている人がいた。ＤＪ先輩だ。茶

髪のロン毛で、他の先輩たちとはちょっと雰囲気の違う、大人っぽい感じの人で、あまりみんなとつるんで遊ぶタイプの人じゃなかった。

学校内で見かけて、なんとなく気になった僕はＤＪ先輩に話しかけた。

「先輩と遊びたいっす。教えてください」

「いいよ。じゃあ、ウチくる？」

先輩の部屋にはターンテーブルやレコード、自分でＭＩＸしたＣＤなどがあって、それで先輩がＤＪをしている人だということを知った。高校生なのに現役で、言ってみれば〝大人の世界〟にいる人。しかも、そこで遊ぶ側ではなく〝遊ばせる側〟の存在。当時の僕にはとてもカッコよく見えた。

初めて先輩の家に行った日に先輩がＭＩＸしたオリジナルのＣＤをもらい、それからいろいろと流行っている音楽を教えてもらうようになった。

レゲエやサイケやダンスミュージック。それを学校内でも学校外でも爆音でかけて、踊ったりＢＧＭにしたりしていた。

さらに、毎週末はＤＪ先輩が回しているクラブに呼んでもらって、踊ったり酒を飲んだりするようになった。正直、僕はあまり酒が飲めないんだけど、そういうことは関係なしにデカいボトルの焼酎をラッパ飲みしてた。

高1からそんな感じだったから、学校外の人脈でも僕はちょっとしたパイオニアみたいな存在になっていた。当時、パラパラが楽しくて踊っていた僕は、毎週末クラブに出入りするうちに、やがて顔を覚えられ、サー人とも知り合うようになった。

サー人とは、簡単に言うとサークルに参加する人のこと。サークルといっても大学のサークルや社会人サークルではなく、イベントサークルやギャルサーなどの〝若者サークル〟のことを指す。

彼らは基本的に派手で、ロン毛で、色が黒く、言葉は悪いけど小汚いホストやキャバ嬢みたいなルックスをしていた。今では絶滅したけど、マンバ系のギャルやギャル男もギリギリ残っていた。

サー人の存在を知った僕は、それも面白そうだと思ってサークルに参加してみることにした。前略プロフを使って探してみると、千葉市内の掲示板があり、仲間募集に応募した。

10人くらいのサークルで、ミーツ（ミーティングのこと）に参加。ピンクや緑や白の原色系カラフルヘアーとロン毛が基本のギャル系の中に、金髪（赤髪のときもあった）、短髪、色黒のギャルオラ系のルックスの僕は異質な存在だったけど、ギャルたちはウェルカムだった。

ミーツでは、サー人たちが集まって踊ったり、最近のヤンキーやギャル系事情を情報交換したり、酒を飲んだりタバコを吸ったりする。場所は毎回違うが、大人数が音楽を鳴らして踊っても警察に通報されないような場所を選ぶ。

傍から見ると、ヤンキーや暴走族がたまっているのと見分けがつかなかっただろう。今になって考えると、キモいことをやっていたと思うけど、当時はこれが楽しかった。そこから人脈はさらに広がっていった。

## 「木村匠といるとイケてる存在になれる」

面白かったのは、そうやってサークルを見つけ、サー人たちと知り合ったにもかかわらず、彼らのほとんどにクラブ経験がなかったことだ。でも、それはそれで仕方がないことだと思う。

僕は住んでいる場所や人の環境に恵まれていた。区は少し上のほうだったけど千葉市内に住んでいて、同じ学校の先輩に現役ＤＪの人がいて、しかもイベントに呼んでもらえる仲。

一方、サークルに参加する奴らの多くが千葉県でも奥地や房総半島辺りから集まってきていた。彼らにとっては、千葉駅こそが一番熱い場所で、ヤンキーだろうがギャル系だろうが、本気でグレるために千葉駅にやってくる。

東京で言うなら、千葉駅＝歌舞伎町みたいな感じで考えてほしい。つまり、僕は新宿区に住んでいて、仲間のサー人たちは23区でも少し離れたところや、市に住んでいたような感じだ。

そのことを知った僕は、彼らをクラブに連れて行くことにした。みんなを誘って15人くらいで連れ立って、千葉駅にあるクラブで全員デビューさせた。

そんなことをしていると、やがて僕はサー人たちの間で話題の存在になっていった。

『木村匠といると自分たちもイケてる存在になれる』

今となっては笑い話だが、本当にそんな感じになって、先輩からも可愛がられたし、人が集まってくるようになった。僕はどんどんギャルオラ化していき、自分を出せる場所を確かなものにしていった。

そしてそれに伴って、小学校や中学校時代にメインの活動エリアだった〝地元〟とのつながりを消していった。高校と千葉駅という「外の世界」を知って楽しくて仕方がなかった僕にとって、地元はとても閉鎖的で窮屈な世界でしかなかったんだ。

そんな中、僕は次のステージへの存在と知り合う。

フィリピン人ハーフのアインだ。同じサークルにいたサー人で、ちょっと会話が成立しない感じの奴だった。

例えば挨拶しても、

「おはよ、アイン。昨日、何してたの？」

「え？　わかんんね。とりまマック行かね？」

みたいに、普通の会話のキャッチボールがなかなか成立しない。それでも、僕のところにいろいろな人を連れてくる、いい奴だった。アインは人脈の仲介役で、彼が連れてきた奴の中には、ギャル男のマキトもいる。

マキトはめちゃめちゃ喧嘩の強い男で、M字バングにピアスという、見るからにギャル男なルックスをしていた。

このギャル男ルックには理由があって、マキトは小学生の頃から暴力事件や暴走事件を起こしていて、度々、施設に入れられていた。施設では、当然ボーズ。だからマキトはボーズ以外の髪型に憧れていた。それでギャル男の定番のM字バングにしていたんだ。見た目はギャル男だったが喧嘩慣れしていて、格闘技を続けていた僕に近い強さを持っていた。

アインはマキトの他に、1つ上のリュウイチ先輩も連れてきた。

リュウイチ先輩は茶髪の短髪で、髭を生やした〝いかにもヤンキー〟な先輩だった。第一印象で『ヤンキーが来た』と思ったくらいだ。でも先輩面をするような人ではなく、僕がいつものノリで絡んでいくと相手をしてくれて、仲良くなれそうだと思った。

さらにそこにリュウイチ先輩の2個下の後輩のアキラが加わる。茶髪でギャル男ルック。でも、背が高くてマッチョ。オラついているようで僕に対しては年上だからか、「タクミさん、タクミさん」とまるで犬みたいによく懐《なつ》いてくる奴だった。お互い高校生だったこともあってマクドナルドではよく一緒になっていたし、僕の学校にまで迎えに来てくれることもあった。

アインの仲介で出会った僕、マキト、リュウイチ先輩、アンディ、後輩のアキラの5人はよく集まるようになり、やがて僕たちは5人のチームで一緒に遊ぶようになった。

## 合言葉は「とりまアラマーからのマック前」

千葉駅が当時、新宿歌舞伎町みたいな役割を果たしていたことはすでに書いた。グレたい奴、弾けたい奴、遊びたい奴らにとって、千葉駅に行けば誰かがいて、そこに遊びが待っている。

遊びや人脈の中心になっている奴らがどこにいるか、それはそれぞれだったが、僕ら5人はほぼいつも千葉駅のマクドナルドの喫煙席にいた。

僕とアキラは学生で他の3人はみんな中卒で働いていたので、必ず5人が揃っているわけではなかったし、時間帯も平日の昼間のこともあれば放課後の時間帯のときもあった。土日はほぼいつもだったけど、千葉駅のマクドナルドに来れば、結構な確率で僕たちに会えるような状況だった。

さらに、僕たちは前略プロフでグループを作っていた。それを見た奴がやってきて、「遊んでください」「仲間に入れてください」「連絡先を教えてください」というのが日常茶飯事だった。

もちろん、やってくるのは仲間に入りたい奴らばかりじゃない。僕らを補導しようとする警察にもよく遭遇した（きっと店員が通報をしていたんだと思う）。

特に私服警官には完全に顔を覚えられていて、僕らがマクドナルドにいるだけで、「はい（タバコを出せ、という意味）」と手を出される。僕らもタバコを持っているのが普通だったから、もう吸えないようにグシャっと潰して渡すのが恒例行事のようになっていた。

それでも、僕らは気にすることなく千葉駅に集まっていた。

当時の合言葉は「とりまアラマーからのマック前」。集まるときはとりあえず「あ○○あ」という日焼けサロンで全身を焼いて、その流れでマクドナルドに集合する。

当時の僕たちにとって、黒さはひとつのステータスだった。そして、集まるとテレビ番組の話や女の話やこれからどこに行くかなど、他愛のない話をして盛り上がっていた。今になって思い返すとバカみたいなことだったけど、当時はそれが楽しかった。

マクドナルドでは、逆ナンされることもしょっちゅうだった。いきなり女の子から「アドレスを教えてもらえませんか？」と来るんだ。もちろん、当時は彼女がいたので断ってたけど。

## 別枠で遊んでいた3人の友達

5人チーム以外にも、別枠で僕には学校外で遊ぶ友達がいた。ワカミヤとケイタロウとタカシだ。

千葉県の奥のほうから遊びに来ている奴らで、マキトとアインの友達。彼らの地元は家族ぐるみでグレている人たちが多い地域で、彼らもまた複雑な家庭環境を抱えていたが、3人とも僕にとっては大切な友達だった。

彼らと仲良くなるきっかけになったのは、成田山の祭りでのことだった。ケイタロウがワカミヤにちょっかいを出し、それにキレたワカミヤがケイタロウを追いかけまわしているのを見て、「これ、捕まったら死ぬんだろうな～」と僕が面白がっていたんだ。その場で3人と話をして、仲良くなった。

高1の冬に、ちょっとしたきっかけで家出をすることになった僕は、ワカミヤが下宿先にしていた工場の2階の部屋に転がり込んだ。ワカミヤは板金屋に住み込みで働いていた。

そこから2ヶ月ほど、僕はワカミヤの部屋から遊びに行ったり学校に行ったりしていた。高校生だった僕にはお金がなかったけど、引っ越しのバイトをして小遣いを稼ぎ、その金でなんとか凌いで暮らした。一緒に飯を食ったり、ゲームをして遊んだりもした。

ワカミヤは小学生の頃に父親が亡くなり、それがきっかけで母親も蒸発して、15歳の頃には天涯孤独の身の上だった。だからもしかして、寂しかったのかもしれない。でも、個人的にはそんなことは関係なく、一緒にいて楽しかったし、落ち着く間柄だった。

僕とワカミヤが一緒にいると、そこにケイタロウが彼女を連れてやってくる。ケイタロウの彼女は水商売をしていて、車を持っていた。その車に乗ってみんなでゲームセンターに行って遊ぶ。

あるときはタカシがやってきて、一緒にパラパラを踊ったり、パチンコ屋に行ったりする。高校を卒業してから僕はスロットにはまることになるが、そもそものきっかけはタカシだったのかもしれない。

## 後輩トミハラとの出会い

ワカミヤ、ケイタロウ、タカシ以外にも、5人チームとは別枠で仲が良くなった奴がいる。そのうちの1人が、後に一緒に起業するメンバーになるトミハラだ。

トミハラはアキラの同級生で、友達だった。僕も顔は知っていたし、パチンコ屋でもよく見かける奴だと覚えていた。

あるとき、僕ら5人チームがいつものように集まって、高校の近くの神社の祭りに行ったときのこと。

「あ、トミハラがいる。あいつ、何やってんの?」

アキラの声のほうを向くと、祭りから少し離れた場所で、トミハラが僕の知っている別の後輩とタイマンをするような雰囲気で向かい合っているのが見えた。お互いに胸ぐらをつかみ合っていて、今にもどちらかが殴りそうだった。

「おい、やめろ。こんなところでやんなよ」

少し離れているとはいえ、祭りのすぐ近くでタイマンなんかしていたら、すぐに警察がやってくる。知らない奴だったらまだしも、どちらも僕が知っている奴だ。僕は2人の間に割って入ってタイマンを仲裁し、ひとまず事なきを得た。

数日後、トミハラから僕の携帯に電話がかかってきた。

「タクミさん、この前はありがとうございました」

「いや、いいけど。ってか、タイマンやるなら場所選べよ」

「はい……いや、実はそのことで相談があって……」

トミハラが僕に電話をかけてきたのは、単に礼を言うためだけではなかった。

話を聞いてみると、あのタイマンは本人たちが望んだものではなく、お互いの先輩の命令によるものだった。先輩たちは「タイマンを見たい」という理由だけで、彼らにあそこで喧嘩をさせようとしたんだ。

「でも俺、本当はそんなことしたくないです。彼女からも『やめて』って泣かれてて、でもやるしかない感じで……どうしたらいいですか？　助けてください」

トミハラはヤンキーぶってはいたが、心の底では武闘派ではなかった。話を聞いてしまった僕は、とりあえず2人を僕の地元の公園に呼び出して話をすることにした。

公園で話を聞いてみると、トミハラもタイマン相手も本心ではタイマンをしたくないようだった。お互いに恨みがあるわけでもないし、命令されただけだから当然だったと思う。

「じゃあ、なんでこんなことなってんの。お前らの先輩がさせたいだけだろ?」

僕はムカついていた。タイマンが見たいだけの理由で、後輩をこんな風に使う〝先輩たち〟を許せなかった。そして、それでも先輩をかばう2人にも。

なんでそんな先輩をかばうんだ。怖いからか? 僕は無理やり電話番号を聞き出し、その場で先輩たちに電話をかけた。

「なに後輩に喧嘩させてんだ。やりたきゃ自分たちでやれ。俺が見ててやるから、今から来いよ」

結局、その電話でトミハラたちのタイマンは立ち消えになった。

「もうやらなくていいってよ」

僕がそう言うと、2人は安心した顔になって「ありがとうございました!」と頭を下げてきた。ちょっと照れ臭かったけど、まぁこれでいい、と思った。

これがトミハラとの出会いだ。それからはトミハラも懐いてくるようになり、たまに遊ぶようになった。

## 僕と学校外のヤンキーたちとの共通点

ろくに学校も行かず、行ってもイタズラばかり。外では遊んでばっかりで、僕の高校時代は1年、2年とどんどん過ぎていった。

これを読んでいる人からすると、僕は人生の時間をムダにしているバカにしか見えないかもしれないが、これらの経験は決して悪いものではなかったと思っている。

むしろ、僕は彼らと一緒にいていろいろなことを学ばせてもらった。

アキラはまだ学生だったけど、他のみんなは中学を卒業して働いている奴らばかりだった。ギャル男のマキトは土木関係、リュウイチ先輩は足場、アンディは塗装屋、ワカミヤは板金屋、ケイタロウとタカシも塗装屋……みんなそれぞれに仕事を持っていて、僕と年が変わらないのに社会に出て、お金を稼いでいた。

もちろん、それを遊びに使うこともあったけど、例えばアンディなんかは母子家庭で、しかも彼女が妊娠してしまってそれを養うつもりで働いていたから、自分の稼ぎが家の生活を支える主な収入源になっていた。タカシは職人の父親と2人暮らしで一緒に生活を支えていたり、ワカミヤは天涯孤独だから自分で自分の食い扶持を稼ぐしか生きていく手段を持っていなかった。

それに彼らはみんな、僕からすると結構ハードな境遇のもとに育っていた。高校生くらいの年齢で逞しいというか、生きていくための知恵と生活力をちゃんと持っている。要するに、自分1人で生きていくための「自立したマインド」のようなものを持っていたのだ。

僕自身は、生活の環境面では親元で暮らしていたから彼らとは比べるべくもなかったし、働くことが生活に直結するような大人の世界にはいなかったけど、それでも「1人で生きていく力」とでも言うべき自立したマインドを、この頃にはすでに身につけていた。

というのも、第1章でも話したけど、僕は小学校・中学校といじめを受けていて、みんなから仲間はずれにされる存在だった。

小学校のときからハブられ者で、集団に合わせることをせず、それでも生きてこられた。負けずにその姿勢を貫けた。それを中学校でも続けた。

その過程で、僕には孤立した中でも「自分」をキープしていられるマインドが身についていた。身についていたから、途中でクラスメイトやサッカー部のメンバーに迎合することもなく、サッカー技術を上げて自分なりのサッカー部生活を送ることができた。

今になって思うと、この力があれば、自分は、人間は、どこでも生きていけるんじゃないかと思う。それに、この力を身につけた上でさらに誰かを助けられれば、最強の存在になれるんじゃないかとも思う。

組織に属していても、組織を率いていても、一匹狼でも関係ない。「1人で生きていく力」はプラスに作用できると思っている。


学校以外で遊んでいた奴らは、みんな何かしらの1人で生きていく知恵や力を持っていて、さらに自分自身が苦労しているから、ちゃんと傷を持っていて、痛みを味わった経験があって、だから相手にも優しくなれたり、困っている人を助けられる強さを持っていた。

そんな奴らだったから、僕は共鳴できたし、どこかで憧れのようなものを持っていたんだと思う。そして、自分は恵まれているとも思った。

現在の話を少しすると、僕は自分の会社の応募資格の中に「学歴・職歴関係なし」としている。それは、このときの経験が大きく影響している。

いい学校を出ているとか、どんな仕事を経験してきた、といったことは確かに人を測る上でひとつの指標になるかもしれない。

でも、それだけでは測れないものもある。

上手く言葉にできないが、ちゃんと「自分」というものを持っていて、その上で自分の人生をちゃんと生きられる人間は、どこかで大きな傷を負って、1人で生きていく力を身につけているんじゃないかと思うんだ。

そして僕は、そういう人に魅かれてしまう傾向にあるんだと思う。

## 「タクミ。お前、やくざに探されてるよ?」

さて、話を高校時代に戻そう。

学校内、学校外でのこうした遊びやイタズラは、実は高3になってからはまったくと言っていいほどしなくなった。

高2の秋の終わりに、とある事件があったんだ。

事件の火ぶたを切ったのは、アンディが放った一言。

《タクミ。なんかお前、探されてるよ?》

その日、僕はアンディの地元のSEIYUで待ち合わせをし、いつものように千葉駅のマクドナルドへ行こうと思っていた。なんてことはない、いつもの1日が始まる——そう思っていた。

そこにアンディがやってきた。いつも通り挨拶を交わすと、アンディはちょっと神妙な顔つきで僕に言った。

「タクミ。なんかお前、探されてるよ?」

「誰に?」

「やくざ」

「えっ、なんで?」

話を聞いてみると、その中心にいたのは当時、僕がつき合っていた彼女とその相手だった。

この話になる少し前、僕は彼女から「距離を置こう」と言われて落ち込んでいた。電話もメールも返信なし。当時は「既読機能」のような便利なものはない時代だった。

別れるわけではなく、距離を置く——いわゆるキープ状態だったけど、よりを戻したかった僕は、彼女の家の最寄り駅で帰宅する彼女を待ち伏せしようと、何日も駅前に入り浸っていた。タカシがバイクに乗せてくれて、一緒に何日も彼女を待った。

そのことが、彼女のもう1人の相手（僕からすると二股をかけられていた浮気相手）の耳に入り、逆鱗に触れたのだ。ちなみにその相手は、暴走族のメンバーだった。

しかも彼女は、僕のことを自分に言い寄ってくるしつこい男として、その暴走族の男に伝えていた。「俺の女にちょっかい出しやがって」と暴走族の男がキレるのは当然の流れだった。

暴走族の男は、それを先輩のやくざに伝えたようだった。この辺の詳細はわからない。でも結果的に僕は、いつの間にかやくざから探されている状態になっていたのだった。

昼前にその話をアンディから聞かされた僕は、ショックとちょっとの恐怖を感じた。あんまり怖くなかったのは、やくざに探されていることは驚いたけど、まったく根拠なく『別に大丈夫だろう』と考えていたからだ。

ただ、なんとなくそのままアンディと遊ぶ気にはなれなくなった。

「今日はやっぱり学校に行くわ」

アンディにそう告げて僕たちは別れた。そのまま家に帰っても親がいたし、学校に行く以外に方法がなかった。

学校に行ってトウヤを探した。そのまま2人でトイレに行った。

「彼女が二股かけてたっぽい。その相手が暴走族っぽい。しかも、やくざにも頼んで俺を探してるみたい」

「え、ヤバくない？　大丈夫？　どうすんの？」

「わかんない」

そんな感じでトウヤに事情を話して、一緒にいてもらった。

「じゃあ、海に行こうぜ」

なんとかなると思いつつもどうしたらいいかわからず病んでいると、トウヤがそう言ってきた。そのまま学校から歩いて5分の海浜公園に行ってトウヤと一緒に海を見た。前にも書いたけど、トウヤは無言で一緒にいられる唯一の友達だった。

公園からは東京湾が一望できた。防波堤の向こうに波がたゆたい、もうすぐ冬になろうという夕暮れの空は、太陽が西に沈もうとしていた。

「マジでどうしよっか？」

「どうするかな。やくざはヤバいよな」

そんな会話をトウヤとした。

なんでこんなことになっちゃったんだろうなぁ……考えても答えは出なかった。というか、もう事態は結構どうしようもないところにまで来ているように感じられた。向こうは僕を探している。ちょっかいを出した悪者として。しかも、そのことが本人の問題ではなく、上の連中まで巻き込む事態にまでなってしまっている。

多分、逃げられない。逃げても追いかけられて、いずれは見つけられる。

警察にも行こうとは思わなかった。自分が何かアクションを起こさないと警察に逃げても事態は同じところに戻ってくるように思えたし、自分がアクションを起こすにしても、とりあえず地元の先輩に相談したほうが事態は前に進む気がした。

僕は地元のヤンキーの先輩だったユウジ先輩に電話をかけた。

「なんか俺、探されてるみたいなんですけど、どうしたらいいですか？」

「とりあえず、そっち行くよ」

程なくしてユウジ先輩が海浜公園にやってきて、僕は改めて事情を話した。先輩はもう腹を決めていたようで、

「じゃあ、こっちも探しちゃうか？　人を集めよう」

そう言われて僕の腹も決まった。というか、警察よりも先輩に電話をした時点で、もう引き下がる選択肢はなくて、この先の道は決まっていたんだと思う。

気持ちが切り替わり、僕の地元のコンビニに人を集め、向こうに会いに行くことになった。

西の空——東京の街並みの向こうに太陽が沈み、夜が来ようとしていた。

## どちらかが気絶するまでやるデスマッチ

その日の夜。僕は革ジャンにジーンズという気合を入れた服装でコンビニに向かった。

コンビニ前には15人くらいのヤンキーたちが集まっていた。先輩の知り合いで、その中にはアンディも一緒にいた。

僕は彼女に電話をし、相手の暴走族の連絡先を聞いた。

《ゴメン、お願いだからやめて……》

状況を知った彼女は、電話越しに弱々しい声でそう言った。

「いや、ここまで集まってるし、向こうも集めているから無理だよ。やんなきゃ終わんないよ」

《死んじゃうかもしれないじゃん》

「死なないでしょ」

彼女が後悔したところで、謝ったところで、もう事態は進んでしまっている。死なないと言った僕の言葉に根拠はなかったが、もちろん死ぬつもりは毛頭なかった。どうなるかはわからなかったが、とにかくそのつもりだった。

彼女から番号を聞いて、相手の男＝オオサワに電話をかけた。名前を知るのも、声を聞くのも初めてだった。

「俺のこと、探してるんでしょ？　こっちから行ってやるよ」

そして、船橋のコンビニで落ち合うことになった。先輩の車4台で移動。現地にも15人ほどのヤンキーが待ち構えていた。

オオサワは、暴走族という割には特にそれっぽくない、普通の見た目をした男だった。ちょっとグレてるかな、くらい。見た目も僕より小さく、どうして彼女が僕よりこの男を選んだのか、わからなかった。

合流した僕らは、そこからさらに移動して埠頭へ行くことになった。海浜線を10台近い車が走っていく。他に走っている車はどんどん少なくなり、やがて人通りも少なくなっていった。

到着したのは、埠頭の倉庫街。周りにあるのは巨大な工場や流通倉庫ばかり。しかも、時間帯は夜。人通りはまったくなく、ここで多少騒いだところで誰も通報しないだろうし、気にも留められないようなところだった。さらにそこには、もう15人ほどの相手が待ち構えていた。

この時点で状況は15対30。総力戦になったら確実に負ける。しかも、こちらはあくまでもヤンキーの集まりなのに、向こうには明らかにその筋のプロの人たちが何人も混じっていた。

「まず、当事者だけでやれ」

向こうのやくざがそう言った。43人が人垣で円形のリングを作り、その真ん中に僕とオオサワが向かい合う。

「どっちかが死ぬまでやれ」

さすがにこの発言には凍りついた。殺すのも嫌だし、殺されるのも嫌だ。正直、腕には自信があったので負ける気はしなかったが、殺すというのはまったく別の話だ。

でも、そこにフォローの声が上がった。誰かが「殺すのはマズくない？」「気絶でいいんじゃない？」と言ったのだ。結局、相手が気絶＝意識を失うまで、ということになった。

でも僕は、それはまったく救いになっていないと思っていた。

## 首にナイフを突きつけられて「奴の背中に火をつけろ」

開幕一番、僕はオオサワに向かって行って胸ぐらをつかみ、頭突きを食らわせた。その瞬間、血が噴き出し、僕の視界が真っ赤に染まった。

血を出していたのは——僕だった。頭突きの一撃で相手の折れた前歯が額に刺さり、僕は血を流していたのだ。それでも距離を取り、今度は回し蹴りを顔面に入れた。そして、また距離を取る。

ヒット＆アウェイで戦ったのは、相手の力量がわからなかったからだ。無闇に突っ込んで思わぬ反撃を食らうかもしれない。確実に一撃ずつ入れて、相手のダメージを増やしていった。

やがてオオサワが倒れると、もう一発蹴りを入れて立ち上がれない状態にしてからマウントを取った。そして、殴りまくった。

さっき、「意識がなくなるまで」というのがまったく救いになってない、と言った。その理由は、証明するための境界線がわからないからだ。

例えば、殺すというのはわかりやすい（やる／やらないは別の話として）。相手の心臓が動いてなければ、殺したことが証明できるから。

でも、「意識を失う」というのをどうやって証明するか、想像できるだろうか。ここには医者がいるわけじゃない。だから判定をしてくれない。仮に、オオサワが負けを悟って抵抗しなくなったからと言って、それが〝本当に意識を失っている〟とは限らないのだ。

僕は、オオサワが死なない程度に加減して殴り、やがてオオサワは無反応になった。僕は立ち上がって彼の様子を見た。呼吸をしていた。良かった。殺してない。

「もういいですか？」

僕は相手が「いい」と言ってくれることを願って言った。

すると、相手のやくざが言った。

「背中に火をつけろ」

それで騒がなかったら、気絶していると判断できるんだそうだ。

「……マジで勘弁してください」

僕が返すと、やくざは近づいてきて僕の喉元にナイフを突きつけた。

「やれ。殺すぞ」

脅しじゃないと思った。やらなきゃ、このナイフが僕の首に突き刺さることになる。

僕はやくざの態度にイラつきながらも何も答えず、どうすればこの状況を打開できるか、頭を働かせた。ナイフの刃が首に当たっていたけど、アドレナリンMAXで全然怖くはなかったし、人の背中に火をつけるなんてこともしたくなかった。

「じゃあ、指を折れ」

やがて、やくざがまた〝譲歩案〟を出してきた。

「わかりました」

僕はオオサワの指を思い切り踏みつけて、折った。

オオサワは、泣きも叫びもしなかった。

## 暴力事件が発覚し、無期停学処分になる

結局、オオサワは向こうの仲間が病院に運び、「駅の階段の下に落ちていた」ということで緊急入院となった。

でも、あまりにもそれが不自然だったために病院が警察へ連絡。この事件が発覚することに。すぐに警察が学校へ来て、僕は先生に呼ばれた。修学旅行の3日前のことだった。

校長室に呼ばれて行くと、校長先生以下、他の先生や僕の親も呼ばれていた。

校長先生の机の上には一枚の紙。そこには「退学処分」と書かれてあったが、「退学」のところに取り消し線が引かれ、「無期停学」とされていた。

「本当だったら退学だからな。どうする？　退学してもいいぞ？」

学校側が僕を退学させたいと思っているのは明らかだった。それでも、無期停学に書き換えていたのは、警察からの斟酌《しんしゃく》があったからだ。

どうやら警察が事件のことを調査したところ、オオサワ側の30人の中に、警察が要注意人物としてリストアップしている人や、反社会的勢力の人の名前がたくさんあったらしい。

こちらは15人のヤンキー集団とはいえ、所詮はイキがっているだけの〝不良〟でしかないが、向こうは本職。僕のやったことは確かにひどいことだったがそこに情状酌量の余地はある、というのが警察の考えだった。そして、この事件の始末として僕を退学にするのは厳しすぎると示唆されたのだそうだ。

それでも、僕は無期停学という処分に理不尽さを感じていた。

「うるせぇな、辞めてやるよ！」

僕は校長先生の机を蹴って外に出た。だから、そのあとの室内でのやり取りは知らない。それでも、母親が運転する帰りの車の中で、「どうするつもりなの？」と聞かれたときは、まだ退学するつもりでいた。

友達は中卒、高校中退で働いている奴らがたくさんいたし、自分もその道でやっていけると思っていた。働きながら通信や定時制にでも行けば、高校卒業資格が取れることも知っていた。

それでも結果的に、僕は無期停学のほうを受け入れることにした。

その理由は、父親との話し合いがあったからだ。父親が、僕の前で泣いたのだ。生まれて初めての体験だった。

当時は夫婦でパソコン教室を営んでいた父親も、かつては会社員として勤めている時期があった。そのとき、ある出来事で父親は警察の取り調べを受けたことがあったのだそうだ。

具体的に何をやっていたのかは言えないが、父親が会社の指示で、会社のためにやっていたことが悪い方向に転がり、結果的に〝トカゲのシッポ切り〟の形で警察に取り調べを受けることになったらしい。そのことを話してくれた。

「今回、確かにこんなことになってしまったけど、お前はまだ高校生だし、まだまだ人生は全然これからだから、がんばれ」

そして、2人で泣いた。

翌日から僕の無期停学期間が始まった。

無期停学というと、もしかしたらずっと家で謹慎しているようなイメージを持つかもしれない。例えば、無期懲役や終身刑のような、一生を刑務所の中で過ごすようなイメージを持つかもしれない。

実際は違う。無期停学の処分を受けてから、僕は毎日学校に行っていた。異なるのは、通学の部分と実際に通う場所と、やることだ。

普通の学生は自分の足で通ってきて、教室で勉強をして、放課後になったら自分の足で家に帰る。

でも無期停学は、送り迎えは基本的に親がする。車で確実に送迎されるのだ。時間帯は通常の通学時間の少しあと、帰るときは少し早めに帰り、どちらにしても同級生たちとは重ならない時間帯になる。

そして、通う先は自分のクラスではなく職員室の隣にある、普通なら生徒が近づかないような小さな部屋。つまり、隔離された状態になる。隔離部屋で学習プリントをひたすらやらされる。

さらに、携帯電話を没収される。無期停学になるくらいだから、何かしらの問題行動を起こしたわけで、それを繰り返さないよう、連絡を取る手段を取り上げられるのだ。

これを読んでいる人の中にも、もしかしたら同じような人がいたかもしれないが、当時は〝コム持ち〟というものがあった。

ウィルコムというＰＨＳがあって、携帯電話とウィルコムの2台持ちはひとつのステータスだったんだ。ちなみに、ウィルコム同士だと定額料金で無料通話ができる。

僕はこのコム持ちだった。だから携帯電話を取り上げられても、友達と連絡を取る手段はあったのだ。しかし、基本的には大人しくしてたけど。

## 涙と悔しさとプリントの無期停学期間

毎日、学校に行くと隔離部屋で学習プリントをやり、終わると先生が代わる代わるやってきて、僕と話をしてくれた。

無期停学処分を受け入れたとはいえ、僕は釈然としていなかった。こんな僕にも僕なりの意見があった。それを先生たちに訴えた。

この事件は、僕が〝たまたま強かったから〟加害者になった。もしも、相手のほうが強ければ僕は被害者になっていた。被害者になっていたら、今頃、僕は病院送りになっていた。

しかも、この件の発端は僕じゃない。向こうが、本職の人たちに僕を探させるくらいにまで事を大きくし、僕の耳に入ったんだ。

僕は、見つかるのは時間の問題だと思っていたから、解決を図るために出て行った。向こうが僕を集団でリンチしようとしていたから、こちらも人を集めて防衛手段を取るしかなかった。そうしなければ、僕は殺されていたかもしれなかった。

現場では、向こうのほうがこちらよりも2倍の人数がいて、しかもこちらがただのヤンキー集団なのに対して、向こう側には警察がブラックリストに入れるような要注意人物が混じっていたし、オオサワとのタイマンも最初は「どちらかが死ぬまでやれ」だった。結果的には「意識を失うまで」になったけど、それが大した救いにはならないことは、もう説明した通りだ。

気絶したオオサワに「背中に火をつけろ、でないと殺す。それが嫌なら指を折れ」と、ナイフを首に突きつけられながら脅され、殺されたくないからやったら、自分は「加害者」として扱われる。

そもそもの話をすると、どちらかと言うと僕は被害者の側だ。

つき合っていた彼女に二股をされ、さらにいわれのない偏見で〝悪者〟にされた僕は、明らかに被害者じゃないだろうか。こちらが好き勝手に暴れに行って、こんな事件になってしまったわけじゃない。

果たして、これが僕にとって理不尽以外のなんだと言うのか。

僕は先生に涙ながらに訴えた。

理不尽で、わけがわからなくて、悔しくて、でも状況は変わらなくて、無期停学で、加害者で、もしかしたら少年刑務所に行かなければならないかもしれない。

そんな僕に、先生たちは優しかった。

「お前は悪くないよ。これからがんばろう」

誰1人として「木村が悪い」と無下にする人はいなかった。

英語科のウエダ先生（メチャクチャ厳しくて当時は大嫌いだった。授業中に寝ていたら唯一叱り飛ばされた。今はとても感謝している）も、親身に話を聞いてくれ、一緒に泣いてくれた。

単純かもしれないけど、そんな先生たちに対して、僕は今までの好き放題を申し訳なく思った。授業を妨害したこともあったし、叱られても無視したりしていたが、それを申し訳なく思った。

そんな風にして、無期停学の日々は過ぎていった。

## 最終的にグレるかどうかを決めるのは「自分」

高2の冬から高3になるまでの約3ヶ月間、僕の無期停学期間は続いた。

この間に僕が以前よりも真面目になれたのは、話を聞いてくれた先生たちのおかげだけではない。親や友達の力も大きかった。

携帯電話を取り上げられ（ウィルコムは持っていた）、隔離部屋に通う日々だったが、それでも学校の友達はどこからか「木村が学校に来ている」という噂を聞きつけ、こっそりと僕に会いに来てくれた。トウヤやシバイエたちがやってきて、修学旅行のお土産や、土産話をしてくれたりした。ものすごく心に染みた。

家にいても、ウィルコム同士でつながっていた学校外の友達とは連絡が取れた。塗装屋のタカシなんかは毎日のように家に来てくれて、他愛のない話をしたり、外に出て一緒にパラパラを踊ったり、パチンコに連れて行ってくれたりした。

そして、母親はそれを咎めたりはしなかった。普通の親だったら「もうウチの子とは関わらないで」となっていたかもしれない。逆に、こんな状態になっても友達として会いに来てくれる存在に感謝をしていたようだ。

オオサワとは裁判になったが、弁護士と話をする前にワカミヤ（僕が家出中に転がり込んでいた板金屋）がきちんと事の顛末を母親に話しておいてくれていた。そのおかげもあって、最終的には示談になった。

「あんたの周りの人は一見するとダメに見える人ばかりだけど、根はいい人ばかりだね」

母親がそう言ってくれて、僕はうれしかったし、ちゃんとこの件について反省し、少しでもまともになろうと思えたんだ。

さらに言うと、警察の人からも学ばせてもらったことがある。

僕が感じていた理不尽さを、警察の人は「そういう環境にいたお前が悪い」と言った。確かに、それは一理あった。

警察も事情を把握していたので僕を一方的な悪者にはしなかったが、それでも、そういう場にいたのは僕自身の判断によるものだし、恋人のためにそこまでする必要もなかったし、最初から僕が真面目に生活していればそんな環境になることはなかったはずだ。

そして、「お前には可哀想だけど、それが世の中の仕組みだ」とも知らされた。確かにその通りだった。

グレるかどうかを最終的に決めるのは「自分」だ。

もちろん、周囲にそういう環境があったりはするだろう。

例えば、友達がタバコを吸っていたとして、「お前も吸わないと友達をやめる」と言われたとする。それでも、吸うかどうかを決めるのは自分だし、そもそも友達がタバコを吸っていた時点で注意するか、友達をやめていたら、そういう決断をする状況に置かれることもない。

それと同じで、人のせいでグレるのではない。グレるかどうかを決めるのは、やっぱり自分なんだ。

警察は優しくはなかったが、ちゃんと〝世間〟を教えてくれた。

## 僕は「僕なりの真面目」で生きていく

その環境に身を置いていた自分が悪かったことを悟った僕は、そこから更生の道を歩み始めた。親に頼んで制服を買い直し、髪の毛も黒に染めた。

進路相談でも大学に進学はせず、「これ以上親に迷惑をかけたくないから、進学以外で一番早くお金を稼げる道」ということで美容学校を選んだ。美容師の道に進もうと思ったのだ。

美容師を選んだのは、高校に入ってから始めた総合格闘技で出会ったヨシオカさんに憧れたからだ。

ヨシオカさんは美容室の店長をしている人で、格闘技が強く、オシャレでカッコよかった。実は、その総合格闘技のジムには自らを「自警団」と名乗る怖い人たちがいたのだが、ヨシオカさんはそういう人とは違う、普通のカッコいい大人だった。彼に憧れて、僕はお金を稼げる道として、自分の腕で稼げそうな美容師の道を選んだんだ。


そして、高3。僕は以前より真面目になった。

学校を無断で休むようなことはなくなり、ちゃんとテストでも点を取ってそれなりの成績を残した。無期停学期間にやった大量の学習プリントのおかげで、学問的な遅れは取り戻せていた。

ただ、この「真面目」というのは、僕なりの真面目だった。

ヤンキーやサー人たちとのつき合いは完全にフェードアウトし、会うことも連絡を取ることもなくなり、学校内でもかつてのようなブドウ狩りや逆カンといった遊びからも卒業した。でも、毎日同じ時間に登校して授業を生真面目に受けて……ということはしなかった。そういう意味での真面目ではなかった。

昼前に学校へ行き、昼休みはグラウンドで友達とサッカーをして、午後から授業に出る。無断欠席をせず、「遅刻」していたわけだ。

それのどこが更生しているんだ――と思うかもしれない。

学校のゴールは「卒業」のはずだ。もちろんその先に進路はあるが、僕はすでに進路を決めていた。そして、その道に進むだけの学力も手に入れていた。テストでもちゃんと点を取っていた。

そうなると、僕にはもう学校ですることがない。空いた時間を使って楽しむことを考えたのだ。だからサッカーをして、昼から学校に行っていた。

それで充分。それが僕の「真面目」だった。

高校卒業前にバイト探
しのため、撮った履歴
書用の写真。12回くら
い面接落ちた……笑

第4章

# ゆとりニート時代

## 300人中たった1人のトラ柄&私服

晴れて高校を卒業した僕は、東京の江戸川区にある美容学校へ進学した。

とはいえ、美容学校時代は派手なエピソードは特にない。

遅刻は相変わらずだったけど、真面目に学校へ行って授業を受けていたし、ノートを取らなくても教科書を読んで暗記すれば普通にテストは90点以上を取れていた。手先が器用だったこともあってか、技術でも同級生ほど練習しなくても合格ラインのヘアカットをすることができた。

放課後にはアルバイトをした期間もあったけど、アルバイトは大学生だってするものだ。高校時代みたいにほとんど学校へ行かなかったり、ヤバい人たちから目をつけられるような素行不良はなかった。

ただ、入学式では驚いたことがあった。

高校を卒業した僕は、新しい世界で気合を入れるために再び髪を染めた。しかも前回のようにヤンキー金髪ではなくトラ柄にして、個性出しまくりで入学式に臨んだ。

でも、入学式の会場に行ってビックリ。そんな髪形をしているのは僕だけだった。同時に300人が入学式に参加していたが、299人がスーツに黒髪。男も女も、だ。

僕はトラ柄の短髪に黒シャツ白パンの私服。これには驚かされた。

美容師のような、個性を表現したり、オシャレに敏感だったりする世界の門を叩こうというのに、どうしてみんな、そんなにクソ真面目な格好をしていたのか理解ができなかった。まるで就職活動の面接じゃないか。

そんなの常識だろ——そう言ってしまうのは簡単だ。

でも、入学式の案内には服装の記載はなかった。僕も一瞬はスーツのほうがいいかと思ったが、やっぱり美容の世界に行くわけだし、『ま、いっか』とカジュアルを選んだ。なのに、僕以外の全員がスーツ。みんな、いったい何の『常識』に従っていたんだろう？

入学式では、新入生は1人ずつ名前を呼ばれる。名前を呼ばれたら返事をして立ち上がる。そのときに周囲を見渡したけど、確かに全員スーツだった。

僕はきっと会場では恐ろしく浮いていて、一瞬でみんなの印象に残る存在だったと思うけど、僕にとってもみんなが示し合わせたかのように黒髪スーツで入学式に出席している光景は、とても印象的だった。

## スロプロのマエヤマとの出会い

美容学校の期間は2年間。そのうちに知識と技術を身につけ、国家資格の美容師免許を取得してほとんどの学生が美容の道に進んでいく。

もう書いた通り、遅刻はしていたけど、僕は基本的に真面目な美容学生だった。勉強もこなせたし、技術もそれほど苦労することはなかった。

じゃあ、至って波風のない2年間を過ごしていたかというと、そんなことはない。

今でも一緒に働いているマエヤマとの出会いがあったんだ。

マエヤマはすごく面白い奴だった。

美容学生なのに、スロット一本で食っていた。食っていたというのは、単にご飯を食べていただけじゃない。

生活費に加えて、部屋の家賃の支払い（マエヤマは岡山から上京していた）、美容学校の学費の支払い、さらに留学の費用までスロットの稼ぎだけで賄っていた。いわゆる、スロプロというやつだ。

僕とマエヤマは気が合い、すぐに打ち解けて仲良くなった。放課後に一緒に遊ぶようになるのに、時間はかからなかった。

何をしていたか。もちろん、スロットだ。

普通にアルバイトをするのが嫌だった僕は、マエヤマと一緒にパチンコ屋へ行き、彼の代打ちでバイト代を稼ぐことにした。いわゆる、「打ち子」というやつ。

マエヤマが台の設定を見て選別し、僕が打つ。彼は彼で、別の台を自分で打つ。回転数でバイト代が決まり、大体日給で1万円くらいは稼げていた。時給にすると2000円くらいだから、かなり割りのいいバイトだった。

僕はスロットの知識は皆無だったので、まずは代打ちをして知識をつけ、それから自分でも打てるようになろうと考えた。

知識がつくと、どの台が良さげかわかるようになり、自分で選定した台をマエヤマに「これ、打っていい?」と提案して打つようになった。マエヤマに雇われているようなものだったけど、これはこれで稼げて楽しかった。

## 超絶ラクなモノマネショーパブでのバイトの日々

そんな生活を1年半ほど続けていると、やがて法律が厳しくなり、店内ルールも変わって打ち子では稼げなくなった。

仕方がないから、僕は飲食店で働くことにした。

そのままスロットをやり自力で稼げばよかったのに、と思うかもしれないが、なぜだかわからないけど、僕は自分の金で打つと勝てない性分だった。後にマエヤマからも「タクオ（僕のあだ名）はスロット運がマジでない」と言われる始末で、例えば90％勝てるような台でも10％の負けを引いてしまうのだ。

打ち子ができず、自分では勝てない。だから、別のバイトをすることにしたというわけ。

とはいえ、美容学校時代の僕は、高校のときよりさらに個性を出そうと、髪の毛の両サイドを刈り上げてそこに数字を入れたり（ギャンブラーだったんでラッキー7の「7」を剃り込んでいた）、自分の名前の「匠」の文字を入れたり、金髪に脱色した髪にカラーバターでピンク色にしたりしていたし、ピアスも開けていたから、まともな飲食店で雇ってもらえるわけがなかった。

そこで僕が目をつけたのが、同じ江戸川区内にあったショーパブだった。

なぜショーパブにしたかというと、とにかく楽で緩かったからだ。

そもそも真面目なカタいところで働く気がなかった。とにかく緩くて稼げるところ。「髪型自由」「ピアスOK」と書いてないと、こちらから応募しない。そんな基準で無料のバイト情報誌を眺めて見つけたのが、江戸川区内のショーパブだった。

自分のルックスでも雇ってくれて、時給も普通の飲食店より高く、仕事内容もかなり少ない。従業員ルールも緩く、一緒に働いている人も、言っちゃあ悪いけど他では働かせてもらえないような人たちがほとんどだったから厳しくない。しかも、僕はオープニング・スタッフで入ったので、一番先輩。かなりいい職場だった。

仕事内容もシンプル。モノマネ芸人が来て45分間のショーをし、15分の休憩。それが1日数ターン行われる。

食事はビュッフェ形式なので、基本的にお客さんが勝手に取りにいってくれる。僕らは減っている食事の補充をしたり、ドリンクをサーブしたり、空いたお皿を片づける程度。

あとはステージの簡単な準備や片づけや、芸人に道具を渡す係だったりする。そういったことを、クレームが来ないようにまともにやっていれば充分なバイト先だった。

実質、トータルで働く時間は1~2時間で、ショーの時間は休憩のようなものだった。ショーを見て笑ってもいいし、芸人のマネをしてふざけてもいいし、裏で座ってタバコを吸ったりしてもいい。

誰もそれを咎めたりはしなかった。


そんなこんなで僕は2年間の美容学校生活を送り、美容師免許も取得して、ついに美容師になった。

就職先も決まり、会社のある東京・渋谷にアクセスのいい神奈川県の武蔵小杉で1人暮らしを始めることになった（武蔵小杉から渋谷までは、東急東横線で一本）。家賃6万円のワンルームだったけど、初めての1人暮らしにしては悪くなかった。

当時の僕は「吹いて、伝説を作る」がスタイルの人間だった。要するに、ビッグマウスで何かデカいことを言って、それを実現して伝説を作ろうとするタイプだ。

美容の世界でも、スターになるつもりだった。そのつもりで就職先を見つけ、東京へ進出した。親にも「スターになる！」と吹いて家を出た。

だけど、この本の冒頭でも書いたように、僕はこの1年後にはまったく違う業界で、自分の意志とは裏腹に、巻き込まれる形で起業することになる。そしてこの1年間は、いろいろあった1年だったし、人生で二度目の本当にダメダメな時期を経験した。

正直、美容室に就職が決まった段階では、そんなことは想像すらしていなかった。

## 就職先の美容室を3ヶ月で辞める

結果的に僕は、この美容室を3ヶ月で退職した。4月に入社して配属店が決まり、6月の末にはニートが確定していた。

辞めた理由は諸々のことが重なってのことだったけど、一言でまとめて言うと、その会社で〝常識〟とされていることに『こんなこと、やってられるか』と思ったからだった。あくまでも僕個人的に、だったけど。

まず、配属先が第二志望の「自由が丘」だったこと。

お金は持っていないけどオシャレに敏感な若者を相手にしたかった僕にとって、第一志望は「表参道」だった。念のために第二志望も出したけど、あくまでもそれは書かなければいけなかったから。表参道はファッションの最先端だし、美容師だったら誰もがそこで働きたいものだろうと思っていた。

しかし、配属の日に僕の名前が呼ばれたのは第二志望の自由が丘だった。自由が丘が悪いとは言わない。でも、希望から外れたショックは大きかった。

同期が20人くらいいて、みんな粛々と配属先を受け入れる中、僕は立ち上がってオーナーの目の前まで行って、言った。

「なんで表参道じゃないんですか？　第一志望で書いたのに」

周囲がざわつくのがわかった。

オーナーは「そちらのほうが意識レベルが高いから、いい職場だ。そのうち異動もあるから」と納得させようとしたが、僕は納得しなかった。もちろん、配属は覆らない。だから、早くできるようになってモノを言える立場になろうと考えた。

次に、初日からワケのわからない理由で怒られたこと。

配属が決まり、店まで移動をすることになった僕は、途中で、とある理由からコンビニに寄りたいと先輩上司に申し出た。

その理由とは、電気代の支払い。

3月から上京のために引っ越してきた部屋の電気代を、その日までに払う必要があった。でなければ電気が止まってしまう。だから、何の気なしに聞いてみたんだ。

すると、それに対して先輩上司はブチギレてきた。

「勤務中にナニ言ってんだ、お前?」

もちろん、仕事が終わってからコンビニへ行けばいい話だった。

でも、僕が思ったのはそういうことではなかった。勤務中にコンビニへ寄ってはいけない、謎のルールがそこにはあった。

電気代だけのことではなく、例えば喉が渇いたら、電車の待ち時間などのやむを得ないタイミングでキヨスクを利用するのがルールだった。誰が決めたか知らないが、ずっと当たり前になっている〝そういうルール〟だったのだ。

くだらないな、と思った。

僕の社会人生活は、初日から波乱の幕開けとなった。

## 勤務中は座ってはいけないルール

初日からこんな感じだったから、実際に勤務を始めてからは、次から次へと納得のいかない〝自社ルール〟が続出した。

まず、勤務中は座ってはいけない。

美容室の職種には、大きく分けて「スタイリスト」と「アシスタント」がいる。前者が髪を切る人で、後者はそれ以外のさまざまな雑用やシャンプーをしたりする人だ。

僕の勤務先には椅子がなかった。お客さんが座るスタイリングチェアのことじゃない。スタッフが座る用の椅子だ。

だから、スタッフは基本的にずっと立っている。朝から晩まで、長いときは12時間以上も立ちっぱなしの状態が続く。

スタイリストであれば、カットのときにカット椅子（丸椅子）に座ることが許される。これは業務上のことだからOKなんだろう。でも、それ以外は休憩時間でもない限り、ずっと立っていなきゃいけない。

想像してみてほしい。休憩時間があるとはいえ、半日近くをずっと立ったまま過ごすことを。

お客さんがいるときはもちろん、ノーゲストのときでも座ってはいけない。切られた髪の毛を掃除したり、タオルを畳んだり、薬品を補充したり……といった業務がすべて終わり、何もすることがないにもかかわらず、笑顔を浮かべて立ってなきゃいけないのだ。

なぜか？　そういうルールだから。

意味がわからなかった。むしろ、ノーゲストなら座って休んでいたほうがいい。体力も温存できるし、エネルギー回復もできる。そうすれば、いざ、お客さんが来たときには笑顔で全力を発揮できるはずだ。

逆に、体力を消耗した頃合いにお客さんがやってきて、疲れた顔を見せるほうがよっぽど肉体的にもマインド的にも悪い。お客さんは、そういうものを敏感に察知するものだ。

この〝勤務中は座ってはいけないルール〟に例外はなかった。先輩アシスタントの中には立ったまま寝られるようになった人もいた。

それはそれで笑えるけど、本当に仕事で重要なんだろうか？

僕はそんなことを思っていた。

## 先輩が残っていたら帰れないルール

次に、先輩が残っていたら基本的に新人は帰宅することができない。

一般の会社でも、上司が残っていたら帰りづらい・帰ってはいけないようなシチュエーションがあると思うけど、この勤務先の場合はもっと物理的なものだった。

新人が店の鍵を持っていて、閉めて帰らないといけなかったのだ。

例えば、店が夜の8時に閉店になるとする。でも、そこから片づけや明日の準備をしていると、すぐに1時間くらいは過ぎてしまうものだ。

それはわかる。しかし、新人がすべての業務を終わらせても、先輩が何かの仕事（例えば、居残り練習や事務処理など）で残っていると、物理的に店を閉められないから帰ることができない。結局、新人は全員の業務が完了するまで待っているしかない。もちろん、立ったままだ。

僕の場合、勤務先から家が近かった（自由が丘から武蔵小杉まで東急東横線で一本）。それでも、毎晩のように深夜1時に帰宅し、朝は5時に起きて出勤していた。

というのも、朝練習をしなきゃいけなかったからだ。そのために6時には店のシャッターを開ける。これは新人だから仕方がないことだと思う。だけど、その前には深夜の帰宅があった。つまり、平均睡眠時間は3~4時間。これが毎日続く。

そこに日中の、勤務中は座ってはいけないルールが重なってくる。休憩時間以外は立ちっぱなしで勤務をしなければいけない。

常に体力を消耗し、両足が棒のような状態になり、それが続くとやがて腰と背中が痛いというより痺れて感覚がなくなってくる。個人的な話だが、僕は高校時代の総合格闘技の影響で頸椎分離症を患っていた。要するに、腰に爆弾を抱えていたのだ。

眠い、痛い、しんどい……でも動かなければいけない。

学生時代に格闘技とサッカーで鍛えた体力が限界に達し、勤務中にそのまま寝落ちしてしまう寸前なんてしょっちゅう。実際に作業中に寝落ちしたこともある。そのくらい、体力は消耗させられた。

もしも、これが業務効率やスタッフの生産性を最大にまで上げたうえでの結果なんだったら、それは僕に非があったんだと思う。でも、なぜそれが必要なのかわからない〝謎ルール〟によって消耗させられていたわけで、僕にとっては「意味がわからない」しかなかった。

## 自慢気に語る店長の給料にショック

極めつけは給料——つまり、お金の話だ。

発表します。当時の僕の月給は12万円。

しかも新人だったので、休みは基本ゼロ（事実、3ヶ月トータルで1～2日しかなかった）。勤務時間は毎日12時間近かったから、トータル勤務時間は300時間を超えていたと思う。

某居酒屋チェーンもビックリするほどブラックじゃないか？

武蔵小杉の家賃は6万円だったので半分は残ったが、それでも1人暮らしの諸々の諸経費でお金は残らず、貯金なんて1円もできなかった。

ただ、給料に関しては最初からわかっていたことだし、スターになる下積みとして最初は仕方がないと思っていた。早く腕を上げて、もっと稼げるようになればいいと考えていたから。

しかし、先に書いた〝謎ルール〟たちのおかげで僕の心は折れかけていた。

さらに、実は店に配属になってからというもの、僕は20人くらいいた先輩スタッフに、順番に給料を聞いて回っていた。アシスタント2年目でいくら、スタイリストになったらいくら……と、〝給料調査〟を行った。

そして最後に、とどめを刺してくれたのが店長の給料だった。

勤務し始めて3ヶ月が過ぎた頃。

このままで本当にスターになれるのか不安になった僕は、将来を見据えて、店長にいくらもらっているのかを聞いてみた。

「ぶっちゃけ、店長になったらいくらもらえるんですか?」

「30万だよ。お前も早くこのくらいもらえるように、がんばれよ」

正直に教えてくれた店長は本当にありがたかったが、金額を聞いて僕は愕然とした。

その店長は美容師としてイケている人で、勤続10年のトップスタイリストだった。お客さんから店長指名でカットの予約が入ることも多かったし、僕も含め、みんなが目標にしたくなるような美容師の1人だった。

そんな人が、10年も勤務してたった30万円しかもらえないの?

経営者として人を雇うようになった現在なら、月給30万円をもらうことがどれだけ大変かはよくわかっているけど、当時の僕にとってその現実は「とてもつまらないこと」に思えた。

はぁ? キモ! クソだな。

このままこの店にいても僕の将来は期待できない——そう思った僕は仕事へのモチベーションを下げ、その日のうちに会社を辞めた。

## 転職に成功して、逆にモチベーションが下がる

人が成長するパターンには、大きく分けて2つのタイプがあると思う。

ひとつは、何かをコツコツと積み上げていって一歩ずつ確実に成長していくパターン。

もうひとつは、とりあえず「できる」と宣言して次のステージへ大ジャンプしてしまうパターンだ。

どちらが良いとか悪いとかって話じゃない。ただ、人によってどちらのパターンを選ぶ

かによって成長が早かったり確実だったりする、ということだ。

今も昔も、僕は後者のジャンプ系。逆に言うと、コツコツ積み上げていくのは僕には向かない。現在のところ、唯一続いているのがサッカーゲームの『ウイニングイレブン』くらいだ。小4から今も毎日やっている。2014年には、6万人いるオンライン対戦で全国1位になった。

美容師時代の経験はそのことを教えてくれたし、さらにジャンプ系が気をつけないといけないことについても気づかせてくれた。

最初の会社を飛び出した僕は、すぐに転職先を探した。親には「美容師でスターになる」とビッグマウスで飛び出してきていたので、おめおめと地元へ帰るわけにはいかなかった。

美容師業界は人の回転が速い。要するに、離職が激しいのだ。独立だったり業界離職（その業界から足を洗うこと）だったり結婚だったりと理由はさまざまだけど、とにかくどこも人手不足で、座席単位でフリー美容師に席を貸しているところも少なくない。

だから、新卒から3ヶ月で店を辞めた僕でも、転職先を探すのはそれほど難しくはなかった。

「給料はいくらほしい?」

「いくらでもいいです。有名になりたいんで、お金はそれからで」

そのやり取りが気に入られて、転職先はすぐに見つかった。渋谷の美容室。ハンバーガーショップの2階に店を構えていて、カリスマ美容師がいるようなレベルの店だった。

でも、これで僕の美容師の第2ステージが始まる……とはならなかった。

面接を終えて、渋谷から家に向かいながら、僕は思った。

何か、違う——。

違うと思ったのは転職先の店に対してじゃない。そこはきっと、とてもいい店だったんだと思う。とりあえずスターになろうと意気込む20歳の若者を気に入ってくれ、受け入れてくれたわけだから。

『受かってしまった……』

僕はそう思ったのだ。受かってしまったからには、僕はもうこの店でスターになるしかない。でも、本当にスターになれるのだろうか?

ほんの一瞬、『無理かもしれない』と思ってしまった。美容師としてスターになること、そのチャンスが再び与えられたことに対して、モチベーションが上がらなかったんだ。

考えてみれば当たり前だけど、美容師でスター（例えば、カリスマ美容師）になろうとしたら、カットやシャンプーやパーマやカラーなど、必ず技術の習得が必要になる。技術の習得にはコツコツとした練習が必要だ。そういったものがあった上で、さらにコミュニケーションやカリスマ性といったものが必要になる。

僕は果たして、そこまでやるほど美容業界が好きなのか？

そんなコツコツと何年間も時間をかけてやっていくことが僕のようなタイプにできるのか？

というか、そもそも本当に僕は美容師のスターになりたいのか？

受かってしまって、そこでやるしかなくなったことで、そんな疑問が僕の中で渦巻き始めた。そして、こんな重たいものを抱えた状態では、きっと前に大ジャンプはできないと思った。ジャンプしても、前に進めなければ結果を出せず最初の位置に着地するだけ。言ってみれば〝垂直ジャンプ〟だ。

それは本当に、僕が望んでいるものなんだろうか――東横線の急行電車に乗りながら自問自答を繰り返し、僕は自分の本音と向き合った。

夜、別の渋谷の美容室に就職していたマエヤマを呼び出し、お手製のすごろくを作って3日連続で一晩中遊んだ。

「渋谷の店で決まったんだけど、何か違うんだよね」

結局、僕は自分の中で美容師の道への火が消えてしまっていることに改めて気づき、転職を辞退した。

7月。夏は目の前に迫っていた。

## 1日200円生活で自転車操業だった20歳の夏

美容師の道がなくなり、社会に出て早々フリーターになってしまったことで、僕のダメダメっぷりは加速していく。

はっきり言って、やることがないんだ。ろくに貯金もなかったのでお金をなんとかしなきゃいけない。でも、どうやって稼ごうか、思いつかない。他に就職先やバイト先を探そうという気にもなれない。自分の中で、モチベーションの火がつかなかった。

かといって、実家に戻ることもできない。繰り返しになるが、スターになるために上京してきているから、恥ずかしくて帰れないのだ。ちなみに、仕事を辞めたことを親には言っていなかった。

母親に心配をかけたくなかったこともある。

実は、この時点で両親が離婚していて、うちは母子家庭になっていた。離婚では母親がかなりショックを受け、僕は母親を慰める役に徹した。僕自身もショックだったけど、母親の姿を見ていると慰めなきゃいけないと思った。だから、そんな母親に心配をかけたくなかったのだ。

夏になって、お金だけはなんとかしなければいけなかった僕が始めたのは、スロット生活だった。マエヤマに教えてもらったスロットでなんとか日銭を稼ごうと思った。

僕が渋谷の店の内定を辞退するのに際し、マエヤマも就職先の美容室を辞めていた。というか、僕が辞めさせた。

3日連続で仕事終わりに呼び出し、一晩で10万円以上の金のやり取りがあるギャンブルすごろくで遊んだあと、仕事に送り出す。マエヤマは3日目には根をあげて、僕の「もう、今日（仕事行かなくて）よくね？　つらくね？」の囁《ささや》きで仕事を辞めた。

そんな感じでマエヤマとのスロット生活が始まった。

軍資金がなかったので、初回はとりあえずマエヤマにいくらか借りてスタートする。一緒に店に行って、マエヤマが目星をつけてくれた台を打つ。

しかし、ほとんど勝てない。まったくではないが、本当に僕にはスロット運がなくて、同じマエヤマに選んでもらっている台なのに僕だけ勝てない。

マエヤマにお金を借りることも、そのうちできなくなってくる。

彼は勝っているから資金があるので貸せるのだが、僕のマインドがそれを許さない。友達だから、あえてできない。軍資金が底を尽き始めるとスロットにも行けなくなって、いよいよ僕はニート化していく。


8月になって夏が本格化すると、本当にお金がなくなった。だからといって、やることもないから時間だけがムダに余り、しかも真夏の暑さで部屋はサウナ状態。まさに地獄だった。

1日に使えるお金は200円。これじゃ本当に何もできない。

仕方がないから、朝起きると自転車に乗って4~5時間ほどどこかへ出かける。時間を潰すためだから場所はどこでもいい。そして、帰ってくる。すると、1日が終わっている。そんな日々が3週間ほど続いた。

やがて、家賃すら払えなくなると、僕は消費者金融に手を出すことになった。

現在ではわからないけど、当時は無職でも20万円まで借りることができた。ちなみに、キャッシング枠は持っているだけだと利息はつかない。お金を引き出した瞬間から利息がつくシステムだ。

20万円のキャッシング枠からちょっとずつお金を引き出して、家賃とマエヤマへの借金を返す。返したら、またちょっと借りて軍資金にしてたまにスロットを打つ。もしもそこで勝つことができれば、消費者金融に返済。お金がなくてやることがなければ、自転車で出かけて1日を潰す。

まさに、心身ともに人生で自転車操業している時期だった。

## 第二営業部のホヅミさんとの出会い

未来を見ていない生活、目先しか見ていない生活。そんなものが長く続くわけがない。

夏の暑さの盛りも過ぎた頃になると、いよいよ資金ショートするのが見えてきた。

『いい加減、まともに働くしかないな』

その頃になると、もう職種のこだわりなんてものはなくなっていた。というか、言っていられない状態にまで追い込まれていた。

来月の家賃すらおぼつかず、消費者金融からのキャッシングという友達じゃない〝本気の借金〟があって、日々の生活すらままならない。何でもいいから手っ取り早くお金が入ってくる仕事を探す以外に手段がなかった。

無料のバイト情報誌を手に入れてきて、とりあえず一番時給が良く、日払いか週払いで給料をもらえる仕事を探した。そして見つけたのが、イベント会社B社が募集していた携帯電話販売のアルバイトだった。

一度は見たことがあると思うけど、家電量販店などで携帯電話（今ではスマートフォン）やインターネット回線のキャンペーンをやっていることがある。

その店員たちは基本的にイベント会社が派遣しているアルバイトだ。もちろん、量販店の社員もいるけどあくまで監督役で、実際の販売や説明は研修を受けたイベント会社の社員やアルバイトがほとんど担当する。

僕が見つけたのは、その手のバイトだった。日給で1万5000～2万円をもらえ、しかも週払いだった。

『あ、これでいいや』

当時の僕が思ったのはそのくらいのことだった。

とりあえず目先の現金が必要で、日銭をなんとかしなきゃいけない生活。仕事なんてなんだっていい。結局は起業することになる業界に、僕は目の前の小銭を拾う感覚で足を踏み入れることになった。

9月の頭頃、電話をかけて恵比寿の事務所（と言っても、マンションの一室）で面接となった。その面接を担当してくれたのが、後に一緒に起業することになるホヅミさんだった。

ホヅミさんはB社の第二営業部のトップで（と言っても、第二営業部にはホヅミさんともう1人しかいなかった）、僕より一回りくらい上のちょっとチャラチャラした雰囲気のある人だった。新しく発足した第二営業部で最初のイベント派遣をするための人員集めで、僕の応募があったらしい。

「明日、静岡に行ける？」

「うっす、余裕っす」

こんな感じのやり取りをして、その場で採用。『ダメだったら別の仕事を探せばいい、やるにしてもなんとかなるだろう』くらいのモチベーションだった僕は、そんな短いやり取りでも特に気にすることなく仕事をゲットした。翌日から静岡の現場に入ることになり、そこでちょっと雑談をした。

「なんで応募したの？」

「お金がないからです」

「なんでお金なくなっちゃったの？」

「ギャンブルです」

「お前、最高だな」

ホヅミさんもギャンブラーだったんだ。

面接後に3時間ほど、事務所で研修を受けた。携帯電話の料金プランや売り方、商品の説明の仕方などを教えられ、髪の毛を黒染めするよう念を押された。リーゼント風の金メッシュだった頭を、何年かぶりに黒髪に戻した。

これも謎ルールだけど、家電量販店などのイベントに参加する際、スタッフは黒髪でなければいけない。当然ながら、パーマも厳禁。

他にも現場によっては、前髪が眉にかかってはいけない、耳にかかってはいけない、襟足が長くてはいけない（刈り上げ必須）、時計は一番安くてシンプルなもの……などのルールがある。

よくわからないルールだったが、今回はあくまで僕はただのバイト。しかも、お金を稼ぐ必要があったので、とりあえず髪を黒く染めた。でも、研修で習った内容はほとんど頭に入っていない状態で、静岡の現場に向かった。

## 自分に向いている仕事――それはモノ売りだった

静岡では、「初日は声を出してお客を呼び込むだけでいい」と言われていた。現場の空気に慣れることが当初の目的だったみたいだ。

でも、それだけじゃつまらなかったし、会社的には販売目標があったみたいなので役に立とうと思って僕も売った。3時間の研修の内容はほぼ頭に入っていなかったから、商品の詳しい説明や料金プランなどはわからなかった。

とはいえ、ミッションははっきりしていた。「ガラケーからスマホに換えたい人を、ガラケーとタブレット、もしくはスマホとタブレットの2台持ちにさせること」だ。

要するに、お客さんが納得した上で2台持ちにさせればいいのだと思い、自分のキャラクターとノリだけで売り込んだ。

すると、そこそこ売れた。手続きは詳しい人に任せて僕は可能な限りお客さんにおすすめをする。100発100中とはいかなかったが、それでも現場ディレクターやホヅミさんからは「なんで売れるの？　お前、すごいね」と評価された。

「明日からも頼むよ」

とりあえず、当分の食い扶持はゲット。〝モノ売り〟という仕事内容的にも、自分に向いていると思った。


初現場を経験して、すぐに仕事の感覚を覚えてからは積極的に商品を売りまくるようになった。土日しか働かないスタイルだったけど、静岡の現場に入っている延べ数十人のスタッフの中で僕が一番売っていたし、数的にも他の人より1.5倍は売っていた。

B社で働き始めて3〜4回目の現場の頃には「ディレクター」と呼ばれる現場スタッフを仕切る役職にも就かせてもらえた。そもそもディレクター職はなり手が足りないので、できる奴はアルバイトでもすぐになることができたんだ。

現場のリーダー的な位置として2～3人のスタッフを指揮しながら自分も売る。現場では自分がトップだから「売りまくろうぜ」「売りまくったから休もうぜ」の指示も自由。リーダーとして売らなきゃいけない責任感も少しあったけど、それでも現場は楽しめた。

さらに、自分のトークを真似させて一緒に入っているスタッフも売れるようになり、僕は現場で重宝されるようになっていった。

## ゆとり切った状態のままB社に再就職

ただ、食い扶持を得て現場のディレクターになったからと言って、生活スタイルがそんなに変わったかといえば、そうではない。前よりも余裕を持った自転車操業ができるようになった、というくらいだった。

働くのは基本的に土日のみ。平日はスロットをしたり、散歩をしたり。

その上で、できるだけお金を使わない生活を心掛けた。1日200円生活が500円生活に変わり、ほぼ毎日缶詰のカレーとペヤング焼きそばをソースやドレッシングで味変して食べていた。

土日しか働かなくても月収は12万円ほどあって、さらに消費者金融の枠が20万円あるので、少なくとも就職してから最も時間にも金銭的にも余裕のある状態を過ごせていた。はっきり言って、この頃の僕は〝ゆとり期間〟だったと思う。

世間で言われている「ゆとり世代」の特徴として、「競争意識（達成意識）が低い」「プライベート重視」「モノやお金への執着がない」などなど、全部とは言わないが、かなり特徴に当てはまる感覚を持っていた。

お金はいらない。そこそこでいい。それよりも「自由」がほしい。やりたいこともなくなっていたし、つらい思いをして稼ぐよりは、ほどほど稼いで自由があるほうが良かった。

何も考えず、ただ毎日をやりたいように過ごすだけの日々は楽しかった。マエヤマという友達もいてスロットという趣味もある。夢や目標がなくても〝楽な状態〟で過ごせる日々は、それはそれでいいものだった。

だが、一抹の不安があったのも事実だ。ゆとり切った楽な状態でこのまま人生を過ごしていて、歳を重ねていったときの状態を想像できなかったのだ。

ある夜、スロットをした帰りにマエヤマに聞いてみた。

「マエヤマはこのままスロットで食ってくつもりなの？」

「そうかもな。実際、食えてるしな。でも、タクオはやめといたほうがいいよ」

「やっぱりそう思う？　お前はスロットで食えるって言うけど、俺はこの調子だと30歳になったときにヤバいと思うから、一回働こうかなって思ってる」

「うん。タクオはマジでスロット運ないし、それもいいんじゃん？」

今となっては違うけど、当時の僕にとって「働く＝正社員として就職」の意識だった。スロットでは食っていけないから働く。それも、自分に向いている楽な仕事。そんな安易な考えで、手っ取り早く就職できそうなところはひとつしかなかった。

僕は、ホヅミさんに言った。

「社員にしてくれませんか？」

と言いつつ勤務は週4にしてもらったのが、当時の僕のバランス感覚だった。今よりちょっと安定した人生にしたい、でも余裕は失いたくない。そして、今の職場は自分に向いていて楽しい。ホヅミさんはチャラいけどいい人だし、ギャンブルの趣味も一緒。そのバランスの取れるところが「社員で週4勤務」だった。

僕をバイトとして週4で働かせるよりは社員にしたほうが安く済むと考えたんだと思う。ホヅミさんがOKをくれて、僕はB社に再就職を果たした。

## ゆとりだった僕の中に少しだけ芽生えた責任感

B社に再就職を果たしたとはいえ、僕の生活はそれほど大きく変わったわけではなかった。

これまで週2稼働だったのが倍になり、働く時間は増えた。もちろんその分、遊ぶ時間は減った。給料は増えたし、安定してもらえるようにはなったが、消費者金融でお金を借りたりスロットをしてお金を使う生活は相変わらずだった。貯金も少しだけするようになったが、意識的というよりは、あくまでも使い切らなかったお金が貯まっていった感じだ。

しかし、社員になったことで、ゆとり状態だった僕の中に少しだけ責任感が芽生えたのも事実だ。

週4で現場に入って商品を売りながら、自分のこと以外にも一緒に現場に入っているスタッフの世話をしたり、クライアントさんともちょっとした仕事のやり取りをするようになった。向こうも僕のことを社員として見るようになったので、バイトのときよりは対応が変わったのもあった。

それに、ホヅミさん自身は第二営業部のトップでいながら広告代理店へ出向していたため、半ば遠隔で仕事の指示を僕たちにするような状態だった。

だから自然と、第二営業部においての僕自身の存在の重要性を感じるようになっていた。ホヅミさんがいないいんだから自分も社員としてしっかりしないとな、と何気なく思い始めていたのかもしれない。

トミハラから連絡があったのは、ちょうどそんなときだった。

第3章で話したトミハラは僕の高校時代の後輩で、高校を卒業してから土木作業員として働いていた。

社員になって最初の1週間くらいの頃。僕は地元の元ヤンキーの後輩たちに電話をかけて、働き手になるスタッフを探していた。イベント業界はとにかく人手がいる。社員でもアルバイトでも、クライアントから求められる〝人の枠〟を埋めないと仕事にならないのだ。

でも、みんな高卒で働き始めている奴らばかりでもうそれなりの収入があり、わざわざ転職やアルバイトをする奴は皆無だった。

なかなか上手くいかないなぁ——そんなことを思っていると、僕の携帯にトミハラからの着信があった。

「僕、もう千葉で土触りたくないです。東京でパソコン触りたいです」

どうやら、僕が地元の後輩たちに電話をかけていることを人づてに聞いて、電話をかけてきたようだった。

土木作業員として、そのときのトミハラは親方の位置にまでなっていた。僕より年下の19歳で僕の倍の給料をもらっているくらい、その道ではいい感じに進んでいる奴だった。

「じゃあ、ウチくる？　でも、給料は半分になるよ？」

「……行きます」

僕としても困っている後輩を助けたい気持ちがあったし、たった3人の職場で知り合いがいないよりは、気心の知れた奴が1人いてくれたほうがもっと楽しい職場になるかもしれないと思った。

本人が希望し、来ると言うなら来てもいいと思った。あとは、トミハラが使えれば何の問題もないはず。

果たして、トミハラはB社第二営業部に転職することになった。一緒に現場に入り、いろいろと仕事を教えていくと、使える奴だということもわかった。

## ゆとり社員がパキッと覚醒した日

当時の第二営業部はホヅミさんをトップに、僕ともう1人、ナンバー2のポジションの社員がいた。僕はナンバー3だった。そこにトミハラがナンバー4として入ってきて、第二営業部は社員4人体制になった。

トミハラは僕のように自分のキャラで押していくというよりは、上手く相手とのバランスが取れるバランサータイプだった。他人から気に入られるのが上手く、モノを売ることもきちんとできた。

自分から来たいと言っておきながら、第二営業部で未来が見えないことをたまに愚痴ったが、そこは僕が「しょうがないでしょ、お前が来たいって言ったんだから」と軽く説教すると、納得してまた働き始める感じで、それほど問題視する必要はなかった。

後輩ができたことで、僕の仕事への責任感はまたちょっとだけ上がったと思う。何より、会社への愛着のようなものを持ち始めていた。この会社は居心地が良かった。

でもだからこそ、許せないこともあった。ナンバー2が使えない奴だったことだ。ナンバー2は一度辞めて戻ってきた出戻り社員だったんだけど、仕事のモチベーションが低く、クライアントへのレスポンスなどの対応が悪かった。身だしなみにも気を遣わず、現場では商品を売ろうとせず、だから評価も低い。その上、会社などへの愚痴が何かと多い。

上司が会社への愚痴や文句を言うことは、部下にとっての環境として悪い。モチベーションが下がるのだ。トミハラの愚痴も、もしかしたらこのナンバー2の影響だったのかもしれない。

なんとかしないといけないな――ゆとり気分は抜けきっていなかったが、それでも居心地のいい職場を居心地良くし続けるためにも、僕はそんなことをぼんやりと考えるようになっていた。

そんな感じで再就職から2ヶ月が過ぎた頃。ホヅミさんに呼び出されて、事務所で話をすることになった。

ホヅミさんはいつものようにチャラチャラとした雰囲気を出しながら、それでも少し思いつめたような顔をしていた。

「実はさ、赤字なんだよね」

「え？　そうなんですか？」

そのときまで、僕は第二営業部が赤字だなんてことは知らなかった。というか、（社員としてはダメなんだろうけど）売上がどうなっているかもよくわかっていなかった。社員として週4で現場に入り、アルバイトたちをディレクションする現場仕事ばっかりで、営業やマネジメントのことは何もわかっていなかったのだ。

第二営業部は、B社の本体から半ば企業内起業する形でホヅミさんが起ち上げた部署だった。「好きにやっていいけど赤字はダメ」と本体からは言われていて、このまま赤字が続くようだと第二営業部は本体に吸収されることになるのだった。

自分の城がなくなっちゃう。どうしよう――ホヅミさんの話を聞いて、すぐにそう思った。そして次の瞬間、僕は秒速で覚醒した。

「俺、週5で入ります。給料は今のままでいいです。だからもっと仕事して、売上を上げさせてください」

まるでパキッという音が聞こえそうなくらい、瞬時に自分の中で意識が変わった。

自分にとって、この第二営業部がただの〝居心地のいい場所〟だと思っていたのが、意外と大事な居場所になっていることに気づいたのだ。

仕事も向いているし、現場での結果も出せている。就業時間は一応あるけど、守らなくてもそれほど厳しく言われることもない。この環境は僕の性格に合っている。

一緒に働いている人も、ホヅミさんはチャラついているけどノリの合う人だし、後輩のトミハラも自分を頼ってやってきた。1人やる気のない奴がいたが、それを無視すれば、ここは僕が自由で気の合う人と働ける〝城〟だった。

そんな楽しくて居心地のいい〝自分の城〟に、突然降って湧いた赤字からの閉鎖の流れは、見過ごせないものだった。

もちろん、僕にだって簡単に仕事を取ってこられるとは思えない。でも、僕がやるしかない。ホヅミさんは出向しているからこれ以上の営業は難しい（実際、営業はほとんどホヅミさんに任せきりだった）、ナンバー2は使えない、トミハラにはまだそれだけの力はない。だから、僕しかいない。

現場を増やして稼働を増やせば、それだけ売上は上がる。微々たる力でも赤字を回避できれば、第二営業部を守れるかもしれないと思った。

もしも本体に吸収されたら、僕の居場所はなくなるかもしれない。なんとかその事態だけは避けたい——そう思っての発言だった。

## 「どうすれば自分の城を守れるか?」を考える日々

自分の城を守りたい。

そう思った僕は、それからというもの、何をすればこの場所を守れるかを考えるようになった。

簡単に言えば、売上を上げればいい。赤字を回避できればいいのだ。

でも、それまでほぼ現場仕事だった僕が、簡単に売上を上げられるわけがなかった。唯一の救いは、自分のモチベーションが高かったことだろうか。

週5で現場に出つつ、それまで任せっきりだったクライアントとの打ち合わせにも出るようになった。

イベント会社のクライアントは、主に携帯電話キャリア会社だ。携帯電話の販売キャンペーンをクライアントから受注し、実施する。その受注数を上げるのだ。そのためにクライアントと打ち合わせして、仕事を獲得する。

ちょうどｉＰｈｏｎｅがすべてのキャリアから販売されるようになっていた時期で、ヒット商品が揃っていた時期だった。ホヅミさんの代わりに営業をかけ、「僕がメチャメチャ売りますので、うちでイベントを仕切らせてください」と交渉した。

本来、こうした仕事をするのはナンバー2社員だった。でも、ナンバー2にはできなかった。すでに書いたが、モチベーションが低く、レスポンスが悪かったからだ。つまり、ビジネスマンとしてＮＧな奴だったってこと。

マジでこいつ使えねぇクソだな——いつもそう思って見ていた。

だから、僕が代わりに営業をかけ、受注を増やし、人員を手配し、現場に入り、アルバイトを管理し、さらに報告書まで書く——この一連の作業の陣頭指揮を執ってやるようになった。

ゆとりニートが再就職してまだ2～3ヶ月の頃だ。21歳そこそこの自分が、30歳を超える先輩の仕事を見よう見まねで肩代わりしていた。

すると、自分と同じ仕事をやるようになり、さらに自分よりも成果を出す僕を見て、ふてくされたナンバー2の社員が辞めた。

すべての面で僕が抜いていたわけだから、嫉妬したのはわかるし、それで辞めようと思ったのも理解できた。

『よっしゃー、いらないの消えたー！　成り上がりー！』

別に辞めてくれて良かった。むしろ、人件費が1人分浮くわけだから、利益が残るようになる。上が抜ければ、ホヅミさんは出向しているし、ますます自分は〝城主〟に近づく。結局、第二営業部はホヅミさん、僕、トミハラの3人になった。

再就職した年の年末はそんな感じで、今まで以上に社員として働いた。

現場では「2日間でノルマ100台」と言われたところを「余裕ですよ」と120台売り、仕事をくれたクライアントの期待に応えられるよう、全力で売りまくった。

年が明けてホヅミさんが出向から帰ってきて完全な3人体制になると、サポートをしてもらいながら1月、2月の売上を作っていった。

おかげで、売上は上がった。とはいっても、爆発的に上がったわけではない。とりあえずなんとかなった程度。スーパー底辺だったのが底辺になったくらいのことで、まだまだ予断は許さない状態だった。

でも、僕もトミハラも少しずつ力をつけ、このまま続けていけば上向きになっていくんじゃないかという期待を持てる感じにはなっていた。

そんなときだった。3月の中旬頃。ホヅミさんが電話をかけてきて、いつの間にか僕たちはB社を退職し、新規企業を起ち上げることになったんだ。

初めて、スーツを着て仕事をした頃。なんかスーツを着てるだけで良い気分だったな

第5章

# クソ経営者時代

## 事後報告で資本金3円の株式会社を設立

「一生、サラリーマンは嫌じゃね?」

「嫌ですね。自分で会社やりたいですね」

「だよな。木村ちゃんもそう思ってるよな」

そんな会話をホヅミさんとした……らしい。お酒の場だったのか、打ち合わせの雑談だったか、今となっては定かではないが、ホヅミさんは確かにそれを覚えていた。

僕は正直、覚えていなかった。だから、東京の現場から帰ってきて、ホヅミさんからの電話に出たとき、面食らってしまった。

《木村ちゃん、俺たち会社辞めるって言っといたから》

自分自身がそのまま一生サラリーマンを続けていくとは思っていなかった。いつかは何かでスターになる。そんな人生を歩みたいと思っていた。

ただ当時は、起業するにしても「いつかはやりたい」くらいのレベルでしか考えていなかった。

《もう言っちゃったからさ。辞めるよね? 木村ちゃんが社長やりなよ》

有無を言わせない感じでホヅミさんの話は進んでいった。戸惑っている僕は完全に置いてきぼり。僕が返事に困っていると、

《ビビってんの？　お前》

と、挑発してくる。僕は挑発に乗って、

「ビビってないっすよ」

と、答える。

《じゃあ、やるよな？》

そして僕たちは、株式会社K-proを起ち上げることになった。Kはもちろん、木村のKだ。

同じようにトミハラに起業することになったと伝えると、さすがにトミハラはフリーズし、「いやいやいや～」と、どうしていいかわからない感じだった。

当然だと思う。自分から連絡してきたとはいうものの、土木の親方として同年代ではかなりいい給料をもらっていたのがパソコンで仕事をするようになって、しかもその会社が入社して半年でなくなろうとしていたのだ。

トミハラに取れる選択肢は、一緒にやるか、本体の第一営業部に行くか。

もちろん、また土木に戻る道もあったと思うし、同業他社へ転職する選択肢もあったと思うが、彼の中ではきっと願っていることではなかっただろう。自分が与《あずか》り知らぬところで勝手に乗っている船が変わるのは、なかなか波乱万丈な出来事だと思う。

結局、僕たちは3人で1円ずつ出し合って、資本金3円で起業することになった。10万円だと見栄を張っているような気がしたし、100万円なんてお金はなかった。当時の僕の手元にあったお金は、ギャンブルでたまたま勝って残っていた引っ越し代くらいだ。

起業することになった僕は、住まいを武蔵小杉から錦糸町のアパートに変えた。家賃7万円のワンルームだったけど通勤にも便利だし、部屋自体も広くなったし、綺麗な場所だったので良しとした。

年度が変わって4月。美容室に就職するために東京に出てきてちょうど1年後、21歳で僕は錦糸町の自宅アパートを本社として株式会社K-proを登記した。

## 社長としての最初の仕事は消費者金融へ行くことだった

会社を起ち上げたことで、第二営業部は消滅した。B社本体にとってそれがどのくらいの影響だったかはわからないが、もともと稼いでいた部署でもなかったので、それほどのダメージではなかったんじゃないかと思う。

代わりに、初月からK-proは大変だった。

ノリと勢いだけで起業したようなものだったから仕事がない。

資本金3円で起ち上げた会社だから運転資金はまったくない。

にもかかわらず、人件費や事務所代などの諸経費はかかる。

イベント会社は人がいてなんぼの業界だ。人員をイベントやキャンペーンに派遣することで売上になる。人がいないと、売上を立てられない。

当時、第二営業部が独自に抱えているアルバイトが10人くらいいた。彼らはK-pro起ち上げに際して「ついて行きます」と言ってくれたメンバーだ。人がいないと困る仕事なので、この申し出はありがたかった。

ただ、ありがたいと同時に重荷でもあった。第二営業部時代と同じように、週払いで彼らに賃金を払ってあげないと彼らの生活が立ち行かない。もしも人がいなくなれば仕事が回らなくなるばかりか、採用募集費や外注費でそれ以上にお金がかかるかもしれない。

人員を維持しつつ売上を立てていくためには、初月から資金が必要だった。

社長になったことで、僕は初めて第二営業部にかかっていた費用を目の当たりにすることになる。明確な金額は明かせないが、最低でも100万円以上のお金が必要だとわかった。

もちろん、そんなお金はない。

でも、作らなきゃいけない。

僕が取った手段は、消費者金融からの借金だった。

消費者金融といっても、漫画やVシネマに出てくるようないわゆる〝闇金〟ではない。僕がニート時代にキャッシング枠を持っていた、一般的な消費者金融だ。ちなみにこの頃には、ニート時代の借金はちゃんと返し終わっていたし、その過程でやりくりする術《すべ》を身につけていた。

僕の取った資金繰りの手段は、あまり褒められたものじゃないかもしれないが、複数の消費者金融から同時にお金を借りたことだった。合計6社に対して50万円ずつ申請をする。同時にやるのがコツだ。同時の申請であれば、僕は「他で借りていない人」として申請できる。

そして、借りられたお金は各社20万円ずつ。これで、合計120万円の資金繰りができたわけだ。

もちろん、ちゃんと返すつもりで借りたお金だったし、すぐに営業活動を開始して売上を立てるつもりでいた。そのくらいの計算能力はあったし、仕事が取れたら自分が現場でメチャクチャ売りまくって、継続受注につなげる気マンマンだった。

自分で選んだわけではないとはいえ、曲がりなりにも会社経営をすることになったのだ。ホヅミさんやトミハラだけではなく、ついてきてくれた10人のアルバイトたちを裏切るわけにもいかなかった。社会人としてというより、まっとうな人間としての責任感のようなものを少しは持っていた。


現場には、僕とトミハラが集中的に入れば人件費にかかる負担の割合を減らすことができる。僕たち2人は固定給だから、いくら働いても払うべきお金は変わらない。だったら、外注するより自分たちが入るほうが人件費としては助かる計算になる。

それに、K-proの取締役になったホヅミさんは営業マンとして優秀な人だった。第二営業部の仕事も取ってきていたのはほとんどが彼。仕事ができる人として、K-proでもトップ営業マン的にやってもらえばいいと思っていた。

でも、その当ては見事に外れた。

K-proがスタートして2週間が過ぎた頃。ホヅミさんは突如、会社を辞めることになったのだ。

## 起業して2週間で創業者の1人が消える

消費者金融のキャッシング枠を使って資金繰りをし、なんとか船出をした当時のK-proには、B社から請け負っていた第二営業部時代から継続して受注させてもらっていた静岡の案件だけがあった。仕事がないとはいえ、命綱はあったのだ。

その日、僕は静岡の現場に入り、そのまま現地で一泊して翌日も同じ現場に入る予定を組んでいた。ホテルに戻る道すがらI駅を歩いていると、一本の電話がかかってきた。

画面には、キンジョウさんの名前が表示されていた。

「お疲れさまです」

キンジョウさんは恵比寿の事務所をシェアしていた別の会社の人で、ホヅミさんとは同郷の友達だった。恐らくホヅミさんはその伝手もあって、恵比寿にB社の第二営業部の事務所を構えたんだと思う。

「木村くん、あいつもうダメだよ」

キンジョウさんの言う〝あいつ〟が誰のことを示しているのか、一瞬で悟った。

ちょうど今年に入って、広告代理店への出向から戻ってきた頃からの話だ。実は、ホヅミさんは出会った頃と比べて、ちょっと変になっていた。

例えば、いつも目が赤くて、よく汗をかいている。

事務所のコンセントをすべて分解して、「盗聴器が仕込まれているから、全部チェックしといた」と言う。

部屋の天井を全部引き裂いてしまい、そのせいで自宅を追い出されてホテル住まいをしている。

「俺は世界中から狙われている」が口癖で、常にナイフを携帯している。

トイレによく行くようになり、なぜかトイレには変なところに焦げ跡のついた彼のライターが置いてある。

1月からそんなことが頻繁に起こるようになり、最初は『なんか変だな』と思っていた僕だったが、次第に『これは確実に変だ』と思うようになっていった。会社を起ち上げた頃には、確実に変だった。

ある日、僕だけが呼び出されて、恵比寿をホヅミさんと散歩したことがあった。そのときは「話したいことがあるんだけど（スマホの）電源切って」と言われた。

僕が言われた通りにすると、ホヅミさんは真顔で、

「俺、今狙われちゃってるから。身を隠すかもしれない」

最終的には事務所のトイレにナイフを持って閉じこもり、震えながら「狙われてるからヤバい」と呟いて、トイレから出てこないこともあった。事務所をシェアしている人から聞いた話だったが、その瞬間に『あぁ、終わってるな』と思った。

キンジョウさんからの電話のすぐあと、ホヅミさんから電話がかかってきた。どうやらキンジョウさんがホヅミさんを説得して、地元へ帰らせる話し合いが済んでいたみたいだった。

「木村ちゃん？　俺、ちょっとおかしいから抜けるわ」

「そうですよね。わかりました」

「大変だと思うけど、がんばってね」

「はい、ホヅミさんも大変だと思いますけど、がんばってください」

交わした会話はこれだけ。僕はそう返すしかなかった。

この会話を最後に、その後、僕はホヅミさんと会っていない。電話をしてから後日、ホヅミさんはキンジョウさんの手配で地元へ帰った。ご両親に迎えに来てもらったそうだ。僕は立ち会わなかった。

## 〝セルフ死に〟で気分はどん底MAX

さて、話を戻そう。

ホヅミさんとの電話を切った瞬間、僕の気持ちは一気にどん底になった。

『キター！　1人になったー！　死んだ！　ヤベぇ、これ死んだやつじゃん。ハッハッハ～！』

文字にすると明るく聞こえるかもしれないが、確かにテンションは変な感じになっていたけど、〝セルフ死に〟で気分はどん底MAXだった。

毎月100万円近い支払いがあって、さらに借金も同じくらいあって、仕事は静岡の1件のみ。頼れる人の当てもない。自分たちではどうしようもない。

なんだかんだで、僕は営業面でのホヅミさんを頼りにしていた。仕事を取ってこられるのは彼しかいなかったし、僕が今から何かをしてどうにかなるとも思えなかったからだ。現在のK-proの状況に加えて、起業して2週間でメインの発起人のホヅミさんが退場。経営のこと、営業のことなんてろくに知らない人間だけが残ってしまった。この頃の僕は、クライアントに出す請求書の書き方さえ知らない〝社長〟だった。

つまり、今のK-proは仕事が取れない＝会社を継続できない、とシンプルに考えてしまった。ダブルなのかトリプルなのか、起業してたった2週間で浴びせられたパンチの応酬に、僕の気分はどん底MAXになった。

僕はとりあえず、トミハラにも伝えるべく電話をかけた。

「えっ……それヤバくないですか？」

「ヤバいよ」

「ヤバいですよね。どうするんですか？」

「お前も今日、静岡にいるよな？」

「はい」

「お互い、今から最寄りのキャバクラに入って、とりあえず飲もうぜ」

そんな感じの会話をして電話を切った。

この時点で僕に事態を好転させる力はなかった。もちろん、トミハラにも。でも、ホヅミさんがいなくなった事実だけは確定していて、なんとかしなきゃいけない。だからと言って、ここ静岡（しかも田舎のほう）でどうにかできるものでもない。

だったら一旦、この問題は横に置いておくしかない。僕には明日も現場仕事がある。目の前の仕事をこなしながら、会社の行く末を検討するしかなかった。

そのために、この問題をシカトしようと思ったんだ。

電話を切った僕は駅前のロータリーで客待ちをしていたタクシーに乗り込み、運転手に言った。

「ここから一番近いキャバクラへ連れて行ってください」

タクシーは滑らかに出発し、ロータリーを半周したところで停まった。タクシー運転手はメーターを切ってすらいなかった。

目の前には場末のスナック感バリバリのキャバクラらしきものがあった。普段だったら絶対に入らない、暗い雰囲気の店だった。それでも中に入り、母親くらいの年の人たちとベロベロに酔っぱらうまで酒を飲んで、翌日の現場に入って東京へ戻った。

東京に戻った僕は、池袋のパチンコ屋にいた。

I駅で場末のキャバクラに行ったときもそうだけど、僕は『どうしよう』となったときに一旦、その問題をシカトする傾向にある。考えても仕方がないことを考えるよりは、その問題を完全に忘れ去るくらいまで半日〜1日ほど、時間を置いてみるようにしているのだ。

知っていると思うけど、パチンコ屋はとにかくガチャガチャしている。やることも単純作業だから、周囲の音に紛れて余計なことを忘れられる。問題を一旦シカトする場所としては最適だ。

ただ、何度も言っている通り、僕にスロット運はない。その日も負けた。結局、池袋駅西口のガードレールに腰を掛けて、ふにゃっとうなだれながら街を眺めていた。

現状のK-proには限られた仕事だけがあった。第二営業部時代から継続している静岡の案件だ。これで月の売上はなんとか確保でき、赤字だけは免れる算段はついていた。

とはいえ、それでは利益がほとんど残らない。仕事だっていつまであるかはわからない。イベントやキャンペーンは季節モノなところがあって、1年中安定的に仕事があるとは限らない。だから営業活動が必要なのに、肝心な営業のトップがいなくなってしまった。

ただ、僕がこれまで変になったホヅミさんのことをあえて書かないようにしてきたように、僕は彼を一概に〝悪者〟としたくはなかった。

確かに、勝手に起業に僕を巻き込んでおいて突然いなくなるのは困る。それはもう〝人間として〟どうなのかと思う。でも、ニート状態で人生の資金ショート目前だった僕をホヅミさんは受け入れてくれたし、本人がギャンブル好きだったこともあって、ギャンブルでお金がない僕を「最高だな」と言ってくれた。おかげで僕は、居心地のいい〝自分の城〟で再出発させてもらうことができた。

だが、会社の行く末が見えないのも事実。僕はそんなことを反芻しながら街を眺めていた。

すると、そこに一本の電話がかかってきたんだ。

## より多くの金を作るのが自分のミッション

「木村くん、大変そうだね」

電話の主はホヅミさんの知り合いで同業のイベント会社、M社のミナミヤマさんだった。僕とも面識のあった人だ。

「大丈夫なの？」

「いやぁ、大丈夫じゃないですね。なんかもう、わかんなくて……」

僕は素直に胸の内を打ち明けた。

多くを話したわけではなかったが、ミナミヤマさんはこちらの事情を知っているようだった。というのも、ミナミヤマさんのいるM社と僕が継続して仕事を受けていたB社は取引があり、K-pro が大変なことになっている情報が伝わっていたらしい。

「じゃあ、仕事あげるから一緒にやろうよ」

そしてB社とM社の間では、一緒にK-proを助けようという話し合いがあったらしい。M社がB社に発注していた仕事の一部をK-pro に移すことで、無理のない範囲で助けようとしてくれていた。

「やります」

僕はミナミヤマさんへお礼を言って、電話を切った。

自然と涙が出た。助かった……と安心したのと同時に、『こんな自分にも助けてくれる人がいるんだ』と素直に感動してしまった。

「仕事の件だけど、なんとかなったわ」

そして落ち着いてから、トミハラに電話をした。


B社とM社からの受注で、4月は持ちこたえることができた。仕事は継続し、5月も安定した受注で仕事をこなし、僕はなんとか会社経営らしきものを続けていった。

その頃にはホヅミさんが過去に引き抜いてきていたもう1人の社員も加わり、僕も含めて社員は再び3人に。僕は自分自身も現場に入りながら、人のキャスティングや営業活動など、現場仕事以外のことも並行してこなしていくようになった。

他にも、現場仕事のない日があると、日給5000円のらららぽーとでお菓子を配るバイトや、パチンコ屋の深夜の台入れ替え作業などを見つけてきては積極的に入った。

時間との兼ね合いの中で、より多くの金を作るのが自分のミッションだと思っていた。

昼間はお菓子を配り、夜はパチンコ屋での作業。これだけでも数万円は稼ぐことができる。空いている日を漫然と休むよりは、1円でも稼ぐことが重要だと考えていた。

ただ、こんな日々もやっぱり、そう長くは続かなかった。

## いきなりやってきた、9月のスケジュールが真っ白

季節が夏に入り、8月になった頃。9月のスケジュールが真っ白のままなことに気がついた。本来だったら月が始まれば入ってくる翌月の仕事のメールが、来ない状態になってしまったのだ。

当然だけど、月末までに翌月の仕事がないと次の月の売上は立たない。

2社からもらっていた仕事と僕が見つけてきた仕事で会社はそれなりの売上を立てられるようにはなっていたが、それでも経営的に余裕があったわけではなく、どうにか食いつないでいけている状態に過ぎなかった。

利益を圧迫する何よりのものは人件費だ。僕とトミハラともう1人の社員の給料。そこにアルバイトスタッフ10人分の賃金が重なる。

こう書くと人件費はある程度固定できると思うかもしれないが、そうではなかった。10人のアルバイトがいたとしても、実質、5人力くらいの力しかない。すべてのスタッフがフルに仕事に入れるわけではないからだ。休日も必要だし用事があるときだってある。それがフリーターというものだ。

でも、現場には人を手配しないといけない。社員である僕たちが入れば人件費は浮くが、難しいときは外注で補填するしかなくて、これが結構痛いんだ。売上は立っても、利益を圧迫する結果になる。

さらに、起業時の借金の返済も続けていた。当然だけど、元本を早く返したほうが利息は少なくて済む。毎月数万円ずつ返すとなると、これはこれで利益を圧迫した。

そんな中での8月の出来事だった。

B社とM社からの受注がまったく入らなくなり（時期的に仕事そのものが少なくて外注を抑えていたのかもしれない）、このままでは9月の売上予測は数十万円になりそうだった。なんというハード・ランディング。当然、このままだと赤字だ。

僕はすぐに動いた。それまで仕事をしていたクライアントに電話をして受注を増やそうとしたり、第二営業部時代のホヅミさんの〝遺産〟とでも言うべき企業に電話をし、受注を増やそうとした。

営業しつつ、さらに現場にも積極的に入る。やっぱり自分が一番売れるし、クライアントも喜んでくれる。そこで地ならしをしておけば、そこからの継続受注もしやすいというものだ。

そんな中、運のいい偶然が、僕を救ってくれることになる。

## 超ラッキーな偶然でようやく会社が上向き始める

8月の中頃。僕は秋葉原にある携帯ショップの現場に入っていた。ホヅミさんの遺産の中からI社に営業をかけて仕事をもらい、その受注の扉を最高の形で開きに行っていたのだ。

仕事そのものはまったく問題なし。いつも通りのキャラクターで、僕は全力でお客さんに商品を売り込んでいた。

『この流れで行けば、継続してくれるクライアントになりそうだな』

秋葉原の現場には、第二営業部時代に僕が現場で知り合いになっていたイベント会社I

社の社員さんもいた。その人と連絡が取れたので、この仕事をゲットすることができたのだ。年上だったがノリのいい人で、仲良く仕事をさせてもらっていた。

「あれ、木村くん？　何してんの？」

そんな現場で、僕を見つけて声をかけてくる人がいた。顔を見てびっくり。第二営業部時代に僕が入った現場で研修をしてくれ、さらに僕のことをメチャクチャ評価してくれたF社のタグチさんだった。

「あれ、タグチさん！　久しぶりですね。どうしたんですか？」

タグチさんは完全なプライベートでたまたまその携帯屋に来ていた。

「元気してるの？」

「元気ですよ。実は今、会社をやってるんです」

タグチさんからすれば、驚いたに違いない。半年くらい前まではフリーターみたいだった奴が、いつの間にか社長になっていたんだから。

「そうなんだ！　じゃあ、うちの案件も木村くんがやってよ」

ありがたいオファーだったけど、僕はすぐに飛びつくようなことはしなかった。

F社はB社とも仲が良く、安易にこのオファーを受けることはB社が受注するかもしれない仕事をK-proが横取りする形になってしまうかもしれなかったからだ。つまり、会社的な仁義を欠く可能性があった。

当時の僕らはB社とM社で持っていた。そこで僕が間接的にでも不義理を働くようなことをすると、いい未来は待っていないと思えた。21歳の自分でも、そういうことをしちゃいけないような気はなんとなく感じていた。

「わかった。じゃあ、ちょっと上に確認してみるよ」

タグチさんは、そう約束をしてくれた。

翌日、F社を訪問した僕は、タグチさんとその上司に同じ話をして、その上で「それでも、うちと仕事をしよう」という運びになった。

「どのくらい仕事がほしい?」

「ぶっちゃけ、250万円くらいの売上がなくなりました。それを回すだけの人は確保できています」

「じゃあ、同じだけ仕事をあげるよ」

耳を疑う一言だったが、本当に自分はラッキーだと思った。

9月の売上は持ち直し、そこからはI社とF社の二本柱で逆に売上が上がっていった。さらに11月になるとB社とM社の仕事も戻ってきて、売上はさらにアップ。一期目が終わるまでには、起業時の借金も無事に返し終わった。

受注が増えれば当然、人が足りなくなるので社員も2人増やした。アルバイトは基本的に年中募集している感じだ。なんといってもこの業界は「人」が命だから。

そして起業から1年が経ち、僕は22歳になった。

一期目の売上――年商は5000万円になっていた。

K-pro立ち上げ当初は自分で現場に行きまくってた。すごく楽しかった

第6章

# 自分らしく生きるための考え方

ここまでで、僕のダメダメからの起業でまともになれたストーリーは、一旦おしまいにする。

簡単に説明しておくと、ここからK-proは毎年右肩上がりで売上を上げていく。二期目は年商1億円、三期目は1億5000万円、四期目は2億円と成長を続け、さらに社員も増やし、今では社員30人、年商3億円にまでなれた。僕自身も自分の年収をガンガン上げて、月収100万円を三期目に入った23歳の頃には得るようになった。

でも、そんな話をダラダラと続けても面白くない。

最初にも言った通り、僕は自分の武勇伝を聞いてもらいたいわけじゃない。この本を通して「自分なりの人生を楽しく生きる」ということをしてもらいたいし、ヒントだけでも見つけてもらいたいと思っている。

そんな僕が大事にしている考え方を、時にはエピソードを交えながら、語っていこうと思う。

## 起業したけりゃさっさとすればいいじゃん

一期目で赤字にもならず、年商5000万円を売り上げても、僕は1ミリも調子に乗ったりしなかった。というか、その年商がいいのか悪いのかすら、わかっていなかった。

だから、税理士さんに聞いてみた。「これって、会社としてどうなんですか?」って。

すると、税理士さんは「めちゃめちゃいいですよ」と言ってくれた。

それでも僕は調子に乗ることはなかった。『そんなもんなんだな』と思ったくらいで、今となっては多少の経営者感覚が身についているとはいえ、自分がすごい経営者になっているとは未だに思っていない。


もしも、あなたが「いつかは独立して経営者になりたい」「そのうち起業したい」と思っているなら、さっさと起業してしまえばいい。

特に今、準備をしていてその準備がしっかりしていないからまだ起業のタイミングじゃない、と思っているんだったら、本当にさっさと起業したほうがいい。というか、起業してから考えればいい。

会社を始めるのに、きちっとした形を作ってからスタートさせなければいけない思い込みがあるかもしれない。でも、実は会社に〝形〟なんてものはない。カテゴリとして業態はくくられるかもしれないけど、「こういう会社でなければいけない」という明確な形なんてないんだ。

K-proはノリで始まった会社だった。無理やり僕は社長にさせられた。そこには準備も企業理念も行動指針もなかった。恵比寿に事務所はあったけど、全員が毎日、生真面目にそこに通ってきてタイムカードを押して……なんていう決まりもない状態だった。

そんなのでも会社は始められたんだ。はっきり言ってクソみたいな体制と営業スタイルだったと思う。全然カッコいい会社じゃない。事務所があるのに登記先の錦糸町の僕のアパートへやってきて、ゲームや麻雀をしながら電話やメールで仕事をしたり、現場に行く人は現場に行ったり。

それでも売上はきちんとあったし、一期目は年商5000万円だ。


だから、「起業したい」と思っているなら、とりあえず設立してしまえばいい。

その気もないのに無理やり社長にさせられて、「やるしかないからやる」の中でやってきた自分からしたら、起業のハードルの高さなんてそんなもんだ。もう少し気楽に考えてみてもいいんじゃないかと思う。

確かに、起業には面倒な書類関係を書かないといけないところもある。例えば、定款《ていかん》とか。

定款というのは、会社の目的や活動内容、構成員（従業員などのこと）、業務執行など、会社の基本的な規則を書いた書類だ。内容を紙や電子媒体に記録する必要がある。

内容だけ聞くと面倒くさそうに感じるけど、そこは迷わずにやりたいと思っている業務を思いつくまま入れて、最後に「前各号に附帯関連する一切の事業」って書いておけばいい。実際に仕事をする中で、定まっていくものだ。

## 「すごいですね」と思うことはあなたにもできる

人と話をしていて、例えば仕事で打ち合わせをしているときでも、美容室でマッサージを受けているときなどでも、自分の仕事と年齢と何年会社をやっているかを聞かれて答えると、ほとんどのケースで「木村さん、その歳で社長ってすごいですね」と言われる。

そんなとき、僕はこう答えることにしている。

「あなたもやればできますよ」って。

すごいな、と憧れるということは、その人にもできるはずのこと。なのに、そこで「すごいですね、自分にはできないです」となってしまう人が意外と多いことに驚く。

僕にしてみれば、その流れがおかしい。

「自分にはできない」は「自分にはできる」に変えられる。その方法はシンプルで、「やるかやらないか」だ。

すごいな、と思った時点でやってみればいい。起業している若い人を見てすごいと思ったら、自分も起業するために動いてみればいい。例えば、本屋で起業のための本を買うでもいい。とにかく、何か行動してみることだ。

お金がないなら、日本政策金融公庫（日本公庫）へ行って融資してもらえばいい。

「公庫」というだけあって、日本公庫は日本政府が１００％出資している金融機関だ。普通の銀行や信用金庫は民間で、日本公庫は国が運営している銀行。創業支援や小口融資というお題目を掲げているから、積極的に零細企業や起業したい人に融資をしてくれる。

書類を用意したり、起業したいことをアピールする力は必要かもしれないけど、逆に言うとそのくらいで数百万円のお金を融資してもらえる可能性が高い。銀行で借りようと思うと、もっとハードルは高い。

上手くできる自信があるなら、僕の真似をして消費者金融を活用してもいい。

起業したい野望を持っている人の中には、下積み時期が必要だと思う人もいるかもしれない。その業界の仕事内容を知るためにも、まったく必要ないとは言わないけど、「下積みだから」という言い訳にはしないでほしい。

以前、うちの会社に面接に来た人で、一流ホテルで下積みした経験のある人がいた。転職フェアのときだ。うちともうひとつ、大手の人材派遣会社のどちらかで迷っていて、本人は「いつか起業したいから下積みをしている」と言っていた。でも、5ヶ国語が話せるのに働いていた場所はレストランのウェイトレス。しかも、3年働いて給料は15万円くらい。それでいったい何の勉強になったのか、謎だった。

結局、彼女はうちではなく大手に行った（と思う）。根っからの下積み気質なのか、もうホテルで下積みしたのにまだ下積みをしようとしているようだった。それでも、大手に行ったのは僕的にはどうかと思っている。大手は会社が大きすぎて、組織の仕組みやお金の流れ、経営のことが見えにくいからだ。

下積みがどうしても必要ならベンチャー企業で、期間も半年くらいで充分だと僕は思う。そのほうが規模が小さい分、仕組みやお金の流れ、経営についてを学びやすい。もちろん、経営の感覚というのは、やっぱりやってみてからじゃないと身につかないとも思っているけど。

ただ「自分にはできない」は、明らかにネガティブな思い込みだ。やってもいないのにどうして「できない」と断言できる？

だから、まずはやってみることだ。知識ゼロでも、お金がなくても、あとからなんとでもなる。それよりも、やってもいないのにネガティブな思い込みで自分の人生の可能性を閉じてしまうことのほうが、ずっと、もったいなくないだろうか？

## 本当に進みたくてその道を選んだのか？

僕はすべての人に「起業しろ」「経営者になれ」と言いたいわけじゃない。自分に合った人生を歩んでもらいたいと思っているし、僕も僕の人生を自分で選んで歩みたいと思っている。

でも、経営者になって僕は良かったと思っている。

僕は「スターになる」とビッグマウスで地元を出て美容師になった。美容師ではスターになれなかったけど、店を辞めて3年後には年収が1000万円を超えていて、それは経営者になっていたから実現できたことだ。

美容師を続けていても、一般企業に再就職していても、恐らく無理だったと思う。美容師だったら、ようやくお客さんの髪を触らせてもらえる頃じゃないかな。

そういう意味で、一応のスターにはなれたと言っていいんじゃないか、と思うんだ。ビッグマウスを結果的に実現したわけだから。

高校の学年の同窓会に参加したとき、僕が経営者になったことはSNSを通してみんなに広まっていて、ちょっとした注目の的だった。

ちょうど会社が三期目で、僕以外の同級生は社会人1年目がほとんどだった。もちろん高卒で働いているのもいたけど、真新しいスーツをようやく着こなし始めた感じの社会人1年生が多かった。ちなみに僕は、ジャケットと短パンの本田圭佑スタイル。

高校時代のエピソードを読んだあとだから、僕が同窓会で弾けたと思うかもしれない。でも、実はそうじゃない。

みんなが久しぶりの再会にハイテンションで盛り上がる中、ちょっと離れたところから静観していた。「俺スゲーだろ!」とはならなかった。

逆に『みんな本当にその道に進みたくて進んだの?』と思ってしまった。

僕は美容師になりたくてその道に進んだ。でも、当時は「お金を稼ぐ方法リスト」を持っていなかった。憧れの先輩がいて、その人みたいになりたいとは思ったが、それは自分の道とは違っていた。

同級生のみんなはきっと、あのときの自分と同じ感じで道を選んでしまったんじゃないか、と思ったのだ。

世の中には「こんな方法でお金を稼いでいるの?」という人がたくさんいる。世の中にはたくさん仕事があって、意外なことが仕事になったり、お金を稼ぐ手段になったりする。つまり、「お金を稼ぐ方法リスト」のようなものがあるわけだ。

でも、そういうことは高校や大学のときにはあまり見えない。まったくではないけど、そのリストの量が圧倒的に少ない。

そしてその中から、自分に合うものや、好きなもの、『きっとこれかな?』と思うものを選んで職に就く。そして、『これが自分の選んだ道だ』と言い聞かせて人生を進み始める。しんどいことや、つらいこと、理不尽なことが社会に出るとたくさんある。僕なんて、美容室に入った初日にあった。

もちろん、それを我慢して働くことで、その道が好きになるかもしれない。逆に好きにならないままやらざるを得ないかもしれない。

同級生たちを見ていて、彼らはそういう道を進み始めたんだと思って、なんとも言えない気分になった。

あなたが経営者にならない、起業しないとしても、それはそれで構わない。でも、できればたくさんの「お金を稼ぐ方法リスト」の中から、自分に合った人生を選んでほしいのだ。

## 死んだときにどんな人だったと言われたいか？

もしも、あなたが今、死んでしまったとして。周囲の人は、あなたのことを「どんな人だった」と言うだろう？

というか、どんな人だったと言われたい？

例えば、「あの人は安定した人だった」と言われたいか？

正直、僕はそんな風には言われたくない。

できれば、「自由で明るくて楽しそうな人だった」と言ってもらいたい、と思って生きている。

同窓会のときに1人、大手証券会社に就職していた奴がいた。

大手の会社で、しかも証券会社で高収入が期待できる仕事だったから、同級生からはそれなりに人気だったけど、僕は心の中でこう思っていた。

『仕事がきついし、こいつはメンタル死にするだろうな』

一応、名刺と連絡先を交換した。

1年後、彼から連絡があった。

「仕事を辞めたいと思ってる。ちょっと話を聞かせてくれないか?」

当時、恵比寿から北千住に事務所を移していたので、僕たちは北千住駅付近で待ち合わせ、居酒屋で飲みながら話をした。

上司から「営業をかけろ」と言われるけど営業先がない。

営業先がないから成果を出せずに怒られる無限ループ。

上司のポストが空かないと上がれないから出世も見えない。

もうトータル的にきつくてたまらず、逃げ出したくて僕のところに相談に来たのだった。しかも、ちょうど彼女と結婚を考えている時期で、彼女からもっと僕の会社について調べるように言われたんだそうだ。

「よければ木村のところで働かせてもらえないか?」

僕はK-proの条件を伝えた。証券会社ほどではないけど初任給を伝え、未経験でもOK。稼ぎたい目標額があるならそれを実現できるルートで稼がせる。面倒くさい会社のしきたりやサービス残業も基本的にないし、その人に合った出世ルートを考える……などなど。

でも彼は、うちに来なかった。安定志向の〝大手病〟が出たんだと僕は思っている。

「お前の人生じゃん。結婚するとか関係ないでしょ。なんで女に左右されるんだよ?」

「そうだよね……」

そんな話をしたけど、彼女からはOKが出なかったみたい。

今、どこでどんな風に働いているのかは知らない。自分の人生を歩んでいるか、誰かのために〝自分のものではない安定した人生〟を歩んでいるのか。

彼は死んだとき、どんな人だったと周囲から言われるんだろう。そして本人は、どんな人だったと言われたいんだろう。わからないけど、でも多分、「自由で明るくて楽しそうな人だった」とは言われないんだろうな。

自分らしい人生を考えるとき、自分が死んだときに周囲からどんな人だったと言われたいかを考えるのは、ひとつのヒントになる。一度、自分に問いかけてみてもいいんじゃないかな。

## 自分らしく生きたいなら「欲」を持て

最近、面接をしていて、自分と同じくらいの世代の人たちの中に「欲」が少しずつ薄くなっていっていることを感じる。

例えば、僕はヤンキーあがりだから酒もタバコも麻雀もやる。酒はあまり飲めなくなったし、タバコも電子タバコになったし、麻雀も仕事があるから昔ほどではないけど、やっている。

でも最近の同世代には、そもそもこういうことをする人が減っていると肌で感じる。お酒を飲まない、タバコを吸わない、麻雀なんてルールすら知らない。

ある意味で、これは欲なんだと思う。

酒もタバコもギャンブルも、その裏には『お酒で気持ち良くなりたい』『タバコですっきりしたい』『ギャンブルで勝ちたい』という欲が隠されている。

もちろん、だから体に悪いことやギャンブルをやれ、と言いたいわけじゃない。例えば、車とか家とか時計でもいいから、欲は持ったほうがいい。

だって、欲がなかったらやる気が出ないから。

欲がなくなったら、『じゃあ、自分は何をすればいいんだろう?』状態になるから。「したいことがわからない」というのは、「〜したい」という欲がないのと同じだ。

何をすればいいかわからない、したいことが見つからない……それで自分らしい人生を生きることができるだろうか?

『じゃあ、欲のない自分はどうしたらいい?』

と思うかもしれない。でも本当は、そうじゃない。

すべての人間には、ちゃんと欲が備わっている。それに気づいていないだけだと僕は思っている。

僕は面接で、相手に夢や目標を聞く。すると、「わからないです」「特にないです」と言われることが多い。

そんなときは、一例として「じゃあ、40歳のときに家を持っていたい？　持っていたくない？」とさらに質問をする。すると、「持っていたい」と答える人が多い。車もあったほうがいいかどうかを質問すると、「あったほうがいい」と答えることが多い。

つまり、質問すれば自分の中の欲に気づける、ということだ。

僕くらいの世代だと、みんな40歳くらいになったらマンションでも一軒家でも、持ち家を持っていたいものだ。でも、20代ではそれにリアリティを持てないし、想像もできない。

だから、自分に質問する。家や車でなくてもいい。

「今よりどのくらいグレードの高い部屋に引っ越したいか？」とか「月に何回、叙々苑に行きたいか？」とか、簡単な質問を自分にして、欲がなくなったのではなく、〝欲に気づかなくなってしまっていること〟に気づいてほしい。

そして、欲と仕事を結びつけてほしい。すると、自分の人生が見えてくる。でないと、何のために働いているかがわからないと僕は思っている。

「若者の□△離れ」という言葉で、僕らの世代の欲は巧妙に隠されている時代だ。何でも安く手に入るから、「絶対にこれを手に入れる！」という強い欲を感じられなくなっているのかもしれない。

そういうことに惑わされずに、自分の欲をできれば〝超〟明確にして、「そのためには何をしなければいけないのか」で人生を考えてみよう。そうしたら今の自分の人生が本当に合っているかどうかが見えてくる。

## コツコツ系かジャンプ系かを見極めろ

僕は、世の中の人は2つのタイプに分けられると思っている。

「コツコツ系」と「ジャンプ系（ジャンパー）」だ。

美容師になったときを振り返ってみても、僕は明らかにジャンプ系。何か人とは違う飛び抜けたことをする人——例えば、日本人だとホリエモンとか箕輪厚介さん、海外だとウォルト・ディズニーとかアンドリュー・カーネギーとかもジャンプ系だと僕は考えている。

これは、どちらが良いとか悪いとかの話じゃない。

自分が本当にどちらのタイプか、見極めることが大切だ、ということ。僕が人を見ていても、コツコツ系なのにジャンプ系だと思い込んでいる人、ジャンプ系なのにコツコツ系だと思い込んでいる人が意外と多い。

ちなみに僕は、人の採用や経営者グループの集まりなどで、年間延べ1万人くらいの人と会う。そして思うのは、7割はコツコツ系の人たちだということ。

コツコツ系の人たちは、ジャンプすることを考えないほうが伸びる。

一つひとつ教えられたこと、習ったことを確実に習得して、階段を一段ずつ上がって行ったほうが成長は早い。

習得のスピードは人によって違うから、コツコツ系でも階段を駆け上がるスピードは人によって違うもの。でも、そこは時間が解決してくれるので、焦らず進めば確実に力をつけていくことができる。

問題は、実はジャンプ系だったりする。

ひとつは、世の中には「自分はジャンパーだ」と思い込んでいるコツコツ系が多い、ということだ。

ジャンプ系は基本的に前に跳ぶ。そして、本当のジャンプ系は根拠もなしに前に跳ぶことができる。でも、ジャンプ系だと思い込んでいるコッコツ系は、ジャンプはできても、前に進めず最初の地点に着地してしまうことがほとんどだ。

「できます」「自信があります」と言って自信満々でも、実際に仕事を渡すとミッションを達成できず、結局は自分で自分を追い込んでしまって、心が折れてしまう。その人たちは、それまでの経験や実績を自分の自信として考え、「できる」と言ってしまうんだ。そういう人をこれまで何人も見てきたし、雇ってきた。

そして、もうひとつの問題は、コッコツ系の人たちの中にはジャンプ系に憧れて、自分もそうなれると思い込んでしまう人がいることだ。

だから、とりあえず「できます」と宣言してしまう。その気持ちはわかるけど、それで本当にできてしまう人はやっぱり少数派だ。

もしも、あなたが自分をコツコツ系だと思うなら、それはそれで構わない。僕の会社でも、自信なさげに「僕には何もできません」と言って入ってきた奴のほうが、コツコツがんばって一人前になっている。

でも、自分がジャンプ系だと思うんだったら、ちょっと考え直してみてほしい。「できます」というのは、逃げられない言葉だから。

本当のジャンプ系の人は、基本的に根拠を持たずに「できます」と言うし、そのときには完全に退路を断っている。

根拠を持たないというのは、過去の経験を全部無視して考えている、ということだ。それに退路を断つといっても、それができないと思えるときには絶対に「できます」とは言わない。ジャンプ系は万能ではないから。

そして、根拠なしに「できます」と言ったことは絶対に達成する。そうやって自分のステージを上げていく。

繰り返しになるけど、コツコツ系もジャンプ系も、どちらが良い悪いということじゃない。あくまで自分のことを理解するための指標として、見極めてほしいのだ。

## 自責モードで生きていけ

自分らしい人生を生きようと思うときに、何事も自分の責任だと考えて物事をクリアしていくこともとても大切だ。

「自責モード」と僕は呼んでいるけど、今、僕の周りにいる自分の人生を生きている人たちはみんな、自責モードで物事をとらえ、生きている。

僕がこのことに気づいたのは、心理学との出会いがきっかけだった。

そもそものきっかけは、僕が胆石にかかったことだ。会社が二期目に入って半年くらいが過ぎ、今期も順調に売上が上がっていて年商1億円が見え始めていた頃。ある夜、信じられないくらいの腹痛が寝ていた僕を襲った。

胆石とは、胆のうや胆管に石ができて、痛みなどのさまざまな症状を引き起こす病気のこと。『死ぬんじゃないか』と思うくらい痛いし、「殺してくれ」と言いたくなるくらいにきつい。

救急車に運ばれていった病院ですぐに検査を受けた。胆石の痛みは、1回に3～4時間続く。はっきり言って地獄だったけど、精密検査の結果、病院の回答は「わからない」だった。しかも、精神的なものだと判断されて、僕はそこから約1年半の間、心療内科に通うことになった。

本当は胆石なんだから、心療内科の薬で治るはずがない。結局、僕は毎月必ず1回は訪れる地獄の苦しみに悶えつつ仕事をした。体重も、1年半で20キロ近く落ちた。

でも一方で、自分の心の持ち方を変えれば痛みは消えるんじゃないかと思い、心理学を学ぶようにもなった。知り合いの経営者さんの伝手で心理学の先生と出会い、カウンセリングに通いながら自分の心の中を覗いてもらった。

僕の両親が離婚していることはすでに伝えた。当時、僕はショックで落ち込む母親を慰める役割をしていたけど、実は、心の中では僕もショックを受けていた。

でも、母親の姿を見ていると自分が落ち込んでいる場合ではないと思えた。そして同時に、両親の離婚を「しようがないこと」だと考えるようになっていた。だって自分の出来事じゃないから。

心理学の先生はそこを深く深く掘っていった。

「離婚は夫婦だったら起こり得ること。自分のことじゃないし、どうしようもない」

「嫌なら嫌だと言えばよかったじゃない」

「ですけど、しようがないでしょ。特にダメージは食らっていません」

「普通は、両親が離婚したら子どもはショックなもの。嫌なものだと思うけど、本当にショックではなかったの?」

「そりゃショックでしたよ。嫌でした」

「じゃあ、嫌だったんですよね。よく我慢しましたね」

先生は、本当は両親の離婚が嫌でショックだったのに、実はそれを我慢していたことに気づかせてくれた。僕の「しょうがない」が、実はつらい環境を周囲のせい、他人のせいにしていて、あきらめていたことにも気づかせてくれた。

『自分のことじゃないからしようがないし、どうしようもない』

この考えが、自分で選んだものではなく、周囲のせいにしてもたらされたものだと気づかせてくれた。

そこから僕は、自責モードになった。

自責モードは、そんなに難しいことじゃない。ひとつの物事をどうとらえて行動するかだ。

例えば、赤信号で止まるときに「赤だから止まらないといけない」を「赤信号は危ない。事故になるかもしれない。そうなりたくないから止まろう」という自分の意志による選択に換えて行動するようなものだ。

他にも、電車が遅延で出勤時間や待ち合わせに遅刻したとき、「電車が遅れたから悪い」

ではなく「電車が遅れても間に合うくらい余裕を持って行動しなかった自分が悪い」と考えるのも自責モードのひとつ。

自分が上司で、部下の成績が出なかったとき、普通の人は自分のマネジメントを責めず、結果を出せない部下を責める。でも、そこで『どうして自分は結果を出させてあげられなかったのか』で考えるのが自責モード。

こうして考えてみると、自責モードはそんなに難しい考え方じゃないと思う。

でも、その差は大きい。その脳にスムーズになっていないから、人は何かを他人のせいにしてしまう。それでは自分の人生は歩めない。

僕がクソヤンキーで、引き返せないところまで行って、無期停学になったのも自分のせい。自分で決めてやっていたこと。それと同じだ。

そうやって自責モードで一つひとつ物事をとらえ、解決していくようにすれば、人間としてものすごく強くなれるし、成長できる。

## 他人の力を借りて生きていけ

心理学の先生と出会ったことで、僕の中でもうひとつ変わったことがある。

それは、「人の力を借りて生きていくこと」にシフトチェンジしたことだ。心理学の先生からの紹介で、僕は社会保険労務士と中小企業診断士と資金調達の専門家を外注した。

きっかけは、三期目に入ってどうも会社の伸びが良くないと思ったからだ。月単位で赤字のときもあったり、僕自身も現場に入るのをやめて経営にシフトするようになっていたこともあり、より人件費もかかるようになって、圧迫される利益のことを考えないといけなかった。

一期目は年商５０００万円、二期目は1億円、三期目は結果的に1億５０００万円。金額だけを見ると順調に右肩上がりになっていると思うかもしれないけど、昨対のパーセンテージで見ると一期目→二期目で昨対２００％だったのが、二期目→三期目では１５０％になっているのがわかると思う。〝成長率〟が下がっていたわけだ。

その影が見え始めた頃に、僕は各専門家たちに依頼した。

結果的に専門家に依頼したことは正解だった。K-proという会社が〝木村匠をトップに運営される家業〟だったのが「企業」に変わる出来事になったからだ。

利益を圧迫していたのは、実は1人の社員の営業スタイルに原因があったんだけど、そのことが明るみに出た。

人を増やしたくて銀行からの借り入れを望んでいたが、自分では借りられると思っていなかった。でも、プロに決算書を見せて相談したら「これなら余裕ですから、自分でやったほうが安くつきます」と言われ、実際にするっと1000万円を借りられた。

お金のこと以外にも、月1回の全体会議を催して、社員のモチベーションをきちんと管理するようになった。

丸1日使って、午前中は真面目な成果発表とディスカッション、午後からはサッカーなどで体を動かす遊び、夜は仕事の話抜きの飲み会、と目的を分けて全体会議をする。社員のコミュニケーションと、考えていることを僕が知るための会を催しているわけだ。

営業報告も、エクセルシートを使って1日の終わりに「その日どんな仕事をしたか?」が明確にわかるツールを用意して、仕事内容の見える化を行った。どこでどんな風にお金が動いているのか、一発でわかるように変えたわけだ。

第3章で「1人で生きていく力を身につける」と書いたけど、それはあくまでもベースの話で、その上で人の力を借りられるようになると、さらに大きなことを達成することができるようになる。

逆に、自分1人で生きられないのに他人の力ばかり借りていたら、それは依存しきっているのと同じだ。

1人で生きていく力を持つことは重要だけど、必ずどこかで限界が来る。「どうにかしないといけないのに、どうすればいいのかがわからない」というような事態だ。原因がわからなければ、クリア方法もわからないもの。もしもそんな事態になったら、積極的に誰かの力を借りようとしてみるのがいい。

案外簡単に解決するかもしれないし、何より、かなり楽になる。

## 自分の仕事のやり方に固執するな

三期目のK-proの利益を圧迫していた原因。営業においてその大きな要因を握っていたのがトミハラだった。

言うまでもなく、その当時のトミハラはK-proのナンバー2。会社の売上の7割ほどを稼ぐ1億円プレーヤーだった。

でも、それが問題だった。トミハラはクライアントから安く受け、外注先には高く払うやり方で売上を立てていたんだ。

単純な話だけど、2万円で受けた仕事を1万円で誰かに振ったら、自分の手元には1万円が残る。じゃあ、1万7000円で安く受けた仕事を1万2000円で高く振ったら？当然、手元には5000円しか残らない。

トミハラがやっていたのは、こういうことだった。

トミハラは、コミュニケーション能力が高く、誰からも気に入られる性格をしている。だから、プレーヤーとしては優秀だったし、実際にK-proの創業期は僕とトミハラの能力の高さで仕事をもらっていたところがある。

でも、それがお金を稼ぐこととつながると、クライアントにも下請けにも気に入られるためにいい顔をして、安く受けて高く出すことをしてしまった。

しかも、それがK-pro全体の7割を占めるまでに膨らんでしまっていた。儲からないのは当然だったわけだ。

中小企業診断士の先生が入ったことで、僕はようやくそのことを数字として見られるようになった。それまではどんぶり勘定だったから、売上は伸びても儲からない、なんて地獄の体質になってしまっていた。

三期目も終わりに近づき、年が明けた1月から月1回の会議を開くことになった。営業別の利益管理シートを作り、トミハラともう片翼の営業チームリーダー、ニシカワの売上と粗利率を明確な数字にして出した。すると、2人の利益率に3倍以上の開きがあることがわかった。当然、低いのはトミハラのほう。

「ニシカワのやり方を見習って。そうしたら、もともとの売上が高いお前のチームは大きな利益を残せるから」

営業マンと中小企業診断士の先生を集めた会議の場で、僕は言った。

さらに、クライアントから適正価格で仕事を受ける交渉の仕方や、安い外注先を増やす方法などのアイデアも一緒に渡した。

でも、トミハラは変わらなかった。自分の仕事のやり方に固執した。

トミハラの心中を察してみると、その気持ちはわからないでもなかった。

創業メンバーとして僕と一緒に会社を起ち上げ、大変だった時期を一緒に乗り切った仲だ。僕以外のK-proメンバー全員が部下で、社内で役員にしていたのは彼だけだった。

しかも売上そのものは高いから、受注している仕事の量は豊富で〝仕事をしている気〟にはなれる。クライアントや外注先から好かれている自負もあったと思う。

そんな奴が、みんなの前で仕事の不備を明確な数字で指摘され、さらに年下で立場上は部下になる奴のやり方を見習えと言われたのだ。ヘソを曲げても仕方がなかった。

結局、トミハラは自分のやり方に固執し続け、それでも利益を改善できず、3ヶ月後に役員から降ろされた。

「お前の考え方とやり方じゃ、K-proの代表者として役員にふさわしくない。だから役員を降りよう」と話した。

四期目に入った7月の末。最後の創業メンバーだったトミハラは会社を去っていった。

僕は『プライドを捨ててやれば良かったのに』と思わずにはいられなかった。もしも、トミハラが自分の間違った仕事のやり方を捨てていれば、もともとの能力は高かっただけに、きっともっといい成果を出せていたと思う。

誰しも自分のやり方にこだわってしまうのはわかる。それで上手くいった経験があれば特に、だ。でも、間違いを明確に指摘されたときは、プライドを捨ててさっさと変わったほうがいい。それで結果を出せれば、自分の中でまた新しい道が見えてくるはずだ。

## 超・挑戦モードでやれば伸びる

これまでのK-proは仲良しメンバーだけでやってきた。だから、仲良し独特の〝緩さ〟のようなものが社内にはあった。例えば、昼間でも暇だったらパチンコに行っても文句を言われないような緩さだ。それでも、創業から3年くらいはやってこられた。

でもトミハラが去り、創業メンバーが僕だけになったことで、僕は改めて人について考えるようになり、ちゃんと〝外側〟から人を採ろうと思うようになった。

特に考えたのは、やっぱり人件費の問題だった。

社員や自社で抱えているスタッフが少なく、外注に頼らなければいけない環境は、外注による人件費が利益を圧迫する。そこを改善するには、外注の割合を減らすのが一番だ。

ただこれは、諸刃の剣でもある。自社でスタッフを抱えて固定費を増やせば増やすほど、売上を維持しなければいけない。というか、増やしていかないといけない。経営者として、僕の両肩にかかる重みは増していく。

それでも、超・挑戦モードで行こうと決めた。

トミハラが会社を去り、僕の胆石がようやく胆石だと発覚し、胆のう摘出の手術をした日から、社員しか採用しない方針を固め、求人を打った。

10月には3人増え、12月にはさらに3人。翌年の4月にも3人。トミハラが去った時点で社員4人だったK-proに一気に2倍以上の新入社員が入り、四期目を迎える頃には社員13人の会社になった。

正直なところ、アルバイトを雇うほうが会社としてのリスクは少ない。

ただ、アルバイト求人は基本的に来ない。来たとしてもあまり意識が高くない。それにほとんどが大学生なので、一定期間ですぐに就職などで辞めてしまう。だから、求人を打ち続けないといけない。

一方、社員を雇うことは会社がリスクを負う経営スタイルだ。

募集をすると応募が多く、さらに勤務意識の高い人たちが来る。もちろん固定費がかかるようになるので、営業は今まで以上に仕事を探さないといけなくなる。仕事があったから雇ったわけではなく、雇ってから仕事を取る超・挑戦モードだったから、ヒリヒリする感じはしたけど、それ以外に会社を伸ばす方法が思いつかなかった。

『雇っちゃった……』

1人雇うごとに、僕は自分の両肩が重くなっていくのを感じた。1人の人間の人生を背負った感覚。でも、おかげでイベントを自社スタッフで賄える割合が増え、会社は伸びた。

もしも、僕が超・挑戦モードでリスクを選ばなかったらどうなっていたのか……それはわからない。

でも、トミハラが去ったときに「現状維持で行こう」と考えていたら、きっと売上が下がってK-proは死んでいたんじゃないかと思っている。トップである自分が「ガンガン行こう」となって、ようやく現状維持、もしくはそれより少し前に進めると思っているからだ。

おかげで四期目には年商2億円を達成し、今では3億円に達している。利益の体質も改善されたし、何より自分が社長として社員に見られる意識が高まり、経営者感覚を磨くことができた。

## ブレたって構わないから経験しろ

いじめられっ子の孤独な少年から始まって、クソヤンキー、ゆとり全開のニート、経営者……と、ここまでの僕の人生は本当にいろいろとあった。

「お前の人生はブレブレじゃないか」

もしかしたら、そんな風に思うかもしれない。

確かにその通り。時に「会社を上場したい」と言ってみたり、それを半年も経てば取り消してしまったり。自分はブレまくりだな、と思うことがよくある。

でも、ブレることとは本当にそんなに悪いことなんだろうか？

人間も会社も、「軸」や「理念」といったものを求められる時代になっている。確かに、会社には理念があったほうがそれに合った人が集まってくる場所になる。だからK-proでは、経営理念を次のように定めている。

- 学歴、職歴、年齢に関係ないフェアな社会の実現を目指す。
- 誰にでも、無限の可能性がある、その可能性を信じて、全力でサポートする。

・全従業員の幸せを追求する。

ここには、僕なりの考え方が入っている。

「すべての従業員が〝自分なりの幸せ〟を掴めばいい」ということだ。

稼ぎたい奴は稼ぐ、それなりの奴はそれなり、独立したいならサポートもする。そうやって、自分らしい人生を歩んでもらいたい。

つまり、「こうでないといけない」という明確な軸は、あえて設けないようにしているのだ。

本を読むと、「人生に軸を持たないとブレて人生に迷う」「軸を見つけると人生は豊かになる」と書かれてあることが多い。

でも、自分のやりたいことなんて、いろいろと挑戦してみないとわからない、いっぱい体験しないとわからない、と僕は思っている。

安易に自分の軸を決めることは、逆に言うとその時点までの経験だけで人生を固定してしまうことだ。そして、そこに自分を当てはめる。例えば、20歳で自分の軸らしきものを見つけ人生を決めたとしたら、たった20年の知識と経験だけで決めてしまっていることになる。

もしも、その10年後にもっと刺激のある人と出会ったら、人間はどうなるだろう？　人生の価値観が丸ごと変わるような出来事が起こったら？

そのとき人間は、ブレてしまわないだろうか？

本当にやりたいことをやる人生を歩みたければ、安易に軸を設けるより、いろいろと体験してみることだ。挑戦して、失敗も成功も経験してみることだ。

僕は、確かに自己啓発書や教科書通りの人生を生きてきてはいない。自分に正直に生きてきたらクソヤンキーになったし、ニートにもなった。その代わりいろいろと経験もできたし、だからこそ得られたものがたくさんある。

それから「死んだときになんて言われたいか」を考える。それで自分のやりたいことが見えてくるはずだ。

## 何事も「全力」で「素」で「真の真面目」で体験しろ

何かを経験するとき、大切なのは次の3つだ。

・全力でやること
・素でいること
・真の真面目であること

【全力でやること】

僕は、イベント業界に足を踏み入れたときも、モノを売ることを全力でやってきた。人と接するときも遠慮せず、自分を全開に出して自分というキャラクターを相手に見せてきた。

それが合う人もいたし、合わなかった人もいる。でも、それがあったから創業期の最大のピンチを助けてもらえた。

第5章で話した、ホヅミさんがいなくなって池袋でふにゃついていたときにM社が助けてくれた話は、単に優しい話なだけではなく、背景には僕とトミハラの存在があったんだろうと今になると思う。

僕もトミハラも、現場での販売能力が高いことは知れ渡っていたからだ。僕らが現場に入るとノルマ達成だけではなく、それ以上の成果を出す。しかも、どんな案件でも成果を出す。当時のK-proはガタガタの状態。喉から手が出るほど仕事がほしかった。だから、M社の人たちが優秀なプレーヤーをリーズナブルに使えると考えたのも無理のない話だった。でも、そう考えて僕に連絡をくれたのも、過去に全力でやっていたからだ。もしも手を抜いていたら、「仕事をあげるよ」とは言われなかっただろう。

【素でいること】

先日、やり手の投資家さんから経営のサポートをしてもらえることになった。資金面や事業面でのコンサルティングをして、会社の価値をよりアップさせる方法を知っている人で、その人の事業コンサルティングのもと、3ヶ年計画で僕は会社をさらに大きくするつもりだ。

その投資家さんから、「うちのオフィスに来て素のままでいた木村さんを見て、面白い人だと思った」と言われた。そのとき、素のままで生きていて良かった、と思った。

僕の考える素とは、「カッコつけない」「嘘をつかない」「不安なことは不安だと、嫌なことは嫌だと言う」「やりたいことはやりたい、ほしいものはほしいと言う」ということを指す。

ただ、それが難しい時代になっているとも思う。だから自分に嘘をついたり、嫌なことでも我慢してやり、結果的に心が荒んでいく。

でも一度、思い出してみてほしい。素のあなたはどんななのか？素を出したことで合わない人が出てくるのは仕方がない。そんな人とは付き合わず、本当の自分を受け入れてくれる人と付き合うようにすれば、自分を助けてくれる味方が必ず現れるはずだ。

【真の真面目であること】

ここまで読んでもらってわかると思うけど、僕には裏表がない。素直だと言われるけど、個人的には「真の真面目」だと思っている。

究極のところで虚勢を張らず、恥ずかしがらない。それは常に自分を『経営者としてはクソだ』と思っているからだ。

モノを売るのは得意だ。人としてもちゃんとしていると思う。でも、経営者としてはクソ。経営者の経験を重ねるときに、この考え方は重要だと思っている。

だって、学ぶ姿勢しかないから。もちろん、学んだことを取り入れるかの判断は別だ。

同時に、なんでもかんでも否定するつもりもない。とりあえず話を聞いてみてから考える。

何度も言っているが、僕はなりたくて経営者になったわけじゃない。「やるしかない。だからやる」の精神でやってきた。でもその中で、いい感じに白紙だったこと、真の真面目だったことで、ここまでやってこられたと思っている。

昔に比べて大変なことは増えているけど、これからもこの精神は続けていくつもりだ。

## 仕事も人生も選べる時代に、どう生きるか?

独立するにしても、起業するにしても、今の会社で働き続けるにしても、どんな人生を歩むかの方法論は人それぞれだと思う。

だから僕はここまで考え方を伝えてきたけど、最後に「時代」について語ってみたい。

現代は人が足りない時代で、実は働く側が選び放題な時代だ。

素を出したり、自分の個性を出そうとすると会社や周囲から叩かれる風潮があるように思うかもしれないけど、実は人の流出に脅えるべきは僕たち経営者の側。人手不足に気づいている人はそのことをわかっているし、現に僕は脅えている。

　こちらが採用を出しても応募者は他を見たいから、結局は条件や「やりたいことができる会社」かがポイントになる。だから僕は、面接が終わったあとにショートメールを打って待遇をフォローしたりして、なんとか人を集めようと必死になる。


　さらに、今は転職しようと思えばどこにでも行ける時代で、雇ってくれるところがいくらでもある時代だ。職種を選ばなければ、という条件もつかない。

　ビズリーチとかを見るとわかるけど、むしろ会社側が有料職業紹介に依頼して人を集める時代なんだ。経験のない人が登録しても「あなたにはこんな仕事が」というメールが来たりもする。他にも、登録しているヘッドハンティング会社から連絡が来て、面接をしてくれて、応募者の良いところを見つけてくれて、いい企業を紹介してくれる……ということも起こり得る。

　実際に僕も試しに登録してみたことがある。自分の経歴を書いて、会社は後任に引き継ぐ旨を書いたら、大手から「事業部長をやってください」という連絡が来た。そのときの年収の提示額は１０００万円だった。

そういう風に時代が変わっていることに気づいてほしい。

その中で、自分がどう生きていくのかを考えてみてほしい。

ちょっと勇気や希望が湧いてこないだろうか？

やりたくて会社を始めたわけじゃない僕も、今はやりたいことができるようになってきている。会社を経営して価値を高めつつ、「モノを売る」という自分のスキルを使ってやりたいことができるようになってきている。

僕は成功者じゃないし、今も挑戦者だ。あなたもまた、挑戦者だ。

そして時代は、挑戦ができる時代になっている。だから、あなたも自分らしい生き方を見出し、その一歩を踏み出してみたらいいんじゃないかな。

今の木村匠。太ったが
少しは大人になった気
がする

# おわりに

## クソだから〝大人〟が下げられない頭をガンガン下げます

今、27歳になった僕は、当時よりは、21歳で勝手に起業させられた頃よりは、少しだけマシな経営者になった。イベント・プロモーション会社以外にも〝自分のやりたいこと〟ができるようになった。

例えば、教育なんてクソだと思っていたのに、ねんどクリエイターの「おちゃっぴ」と組んで、粘土を通じた子どもたちの教育のための取り組みをしたり、企業が社会貢献できるように、粘土を使ったCSR企画（企業の社会的責任を果たすための企画）の提案をしている。

例えば、シンガポールの広告代理店と組んでジョイント・ベンチャーを起ち上げて、日本でイベントをしたいと思っている海外企業の橋渡しや受け入れ、現地でのコーディネーターをしている。

例えば、化粧品の輸入販売会社の顧問として、日本やアジア圏の店舗に化粧品の輸入販売をしている。


一見すると、4つの会社に関わる僕の「経営者としてのステージ」は、上がったように見えるかもしれないけど、イケてる若手経営者になれたかというと、そんなことはない。僕は未だに自分のことを「全然クソだ」と思っている。

だって、僕なんかより遥かにすごい経営者なんていくらでもいるから。

これは謙遜や遠慮じゃなくて、事実だ。

その証拠に、尊敬する経営者や投資家の人たちとたくさんつき合えるようになると、僕のキャラクターもあるのかもしれないけど、「嫌な奴とは仕事するな」「楽しいことだけしていればいい」「やりたいことをやっていればいい」と言われる。

でも、僕はその人たちにこう返す。

「40歳のあなたはそれでいいけど、僕はまだ20代なんでガンガン頭下げます」

本音を言えば、楽しいことだけして儲けたい。でも、実際はそれが難しいのが現実。まだまだクソな僕はプライドも何もないから、下げられるだけ頭を下げて、世の先輩方が下げないところを代わりに下げて、仕事をもらう。

この本は、僕の人生体験や、仕事や生き方に対する考え方を通して、若い人（実際に年齢が若い人や、年を重ねていても頭の中が若い人）たちが、自分の人生を後悔のないよう、自分なりに楽しく生きられるよう、自分でなんとかプラスに転換できるきっかけになればいいと思って書いた。

実際に僕はクソヤンキーだった人生を、なんとかプラスにできたと思っている。

そして今も、もっと自分の人生を楽しく、やりたいことをやって生きられるように、「楽したいから、今ちょっとがんばってるんですよね〜」くらいのノリで日々を送っている。

ただ、気をつけているのは、そんな気持ちを絶対に言葉にはしないことだ。

何かデカいことをやろうとしたり、やりたいことだけをやって生きていこうとすると、人それぞれに必ず〝がんばらなきゃいけないこと〟が出てくる。

でも、そんなときに「俺、忙しいです」「俺、大変です」「俺、こんなにがんばってます」みたいなのは、はっきり言っていらない。つい言いたくなる気持ちはわかるけど、そういうのはダサいし、言った途端に〝雑魚《ザコ》〟になる。

僕より、あなたより忙しい人なんていくらでもいる。そしてそういう先輩方は、今の僕たちが経験している〝大変さ〟なんてとっくに経験していて、余裕になっている。

会社に勤めていても、自分でビジネスをやっていても、そういう先輩方の前で忙しさアピールをするのは、むしろマイナス。「こいつ、この程度のレベルなんだ」「相談しても無理だな」と思われて、得られるチャンスを逃してしまうのがオチだ。

逆に、どれだけバックグラウンドで忙しくても「余裕です」「暇でやることないんで助けてください」と言っていれば、仕事や人を紹介してもらえるし、そこには、人生をプラスに転換できるチャンスや、自分のステージを引き上げてくれる人脈との出会いが待っていたりするんだ。

だから、これからも僕は必要なときは誰かに助けてもらうし、「大人」が下げられない頭をガンガン下げていく。

あと10年、20年経って、僕の経営者のステージがもっと上がったときはどうなるかわからないけど、これが今の僕のやり方。それでいいと思っている。
この本を読み終えたあなたが、この先にどんな人生を選択するのかは知らない。でも、僕がここまでに書いてきたことが少しでも伝わって、人生を楽しく生きられるように舵を切れたとしたら、「ちょっとは役に立てたかな」って思う。

木村匠

デザイン：フロッグキングスタジオ（福島源之助）、福田万美子
プロデュース：株式会社天才工場　吉田浩
企画・編集協力：廣田祥吾（Meeting Minutes）

## 著者プロフィール

# 木村 匠 きむら・たくみ

株式会社K-pro 代表取締役　ねんどクリエイティブ協会（NCA）顧問　株式会社LASTOP Executive Adviser ACKT株式会社 代表取締役

千葉県生まれ。小学生時代はいじめられっ子の日々を過ごすも、高校からはクソヤンキーとして覚醒。仲間とともに学校内・外で好き放題の日々を過ごすが、無期停学処分になったのを機に更生し、自分なりの"真の真面目"な人生を送るようになる。就職先の美容室を3ヶ月で退職してからはニート生活を送り、ゆとり切った状態でイベント会社へ再就職。2014年4月、21歳のときに勤務先の上司から強引に起業させられ、設立者3人で1円ずつを出しあって資本金3円で「株式会社K-pro」を設立する。仕事もお金も経営ノウハウもない中で、会社の起ち上げを行った上司の裏切りや、仕事がまったく取れない苦労もあって倒産の危機に陥るが、周囲の人の助けを借りて徐々に業績を伸ばし、現在では社員30名・年商3億円の会社へと成長させた。人生のミッションは「才能を100パーセント発揮できる若者」を育てること。

元いじめられっ子のクソヤンキーが
勝手に起業させられて月収100万円になった話
2020年4月14日初版第一刷発行

著者　　木村匠
発行人　松本卓也
発行所　株式会社ユサブル

〒103-0014
東京都中央区日本橋蛎殻町2-13-5
電話　03-3527-3669
http://yusabul.com

印刷所　株式会社光邦


ISBN978-4-909249-29-6

定価はカバーに表示してあります。
落丁・乱丁はお手数ですが、当社までお問い合わせください。